가야는 철의 왕국인가?
가야·신라·백제의 鐵

# 가야는 철의 왕국인가?
## 가야 · 신라 · 백제의 鐵

2019년 4월 8일 초판 1쇄 발행

글쓴이      이도학

펴낸이      권혁재

편 집      권이지

제 작      동양인쇄주식회사
펴낸곳      학연문화사
등 록      1988년 2월 26일 제2-501호
주 소      서울시 금천구 가산디지털1로 168 우림라이온스밸리 B동 712호

전 화      02-2026-0541
팩 스      02-2026-0547
E-mail      hak7891@chol.com

책값은 뒷표지에 있습니다.
잘못된 책은 바꾸어 드립니다.

ISBN 978-89-5508-396-5 93910

# 가야는 철의 왕국인가?
## 가야 · 신라 · 백제의 鐵

이도학

학연문화사

# 머리말

1

학계의 정설이 되어 한국과 일본의 교과서에 모두 수록된 내용이 있다. 변한 즉 가야에서 생산된 鐵을 倭가 수입했다는 것이다. 이러한 사실에 기반을 두고 정치적 해석이나 역사적 의미 부여가 따랐다. 그런데 일본의 해석은 단순히 철을 수입한 데 머물지 않았다. 왜 세력이 한반도 남부 지역으로 진출하게 된 동기와 관련해 철자원의 확보를 어김없이 거론했다. 철자원의 수입과 철자원의 확보는 성격이 판이하게 달라진다. 전자는 피동인데 반해, 후자는 능동인 것이다.

일본에서도 시효가 다한 임나일본부설을 더 이상 주장할 수는 없었다. 그러나 어떠한 형태로든 왜 세력의 한반도 남부 진출을 再點火해야하는 과제에 직면했다. 바로 그러한 선상에서 착목하게 된 소재가 가야의 철이었다. 가야의 철이 왜로 건너왔다는 賣買 사실에 정치적 의미를 씌웠다. 그 결과 왜가 가야에 관심을 가지게 된 요인으로 철자원의 성격을 재구성했다. 왜는 철자원 확보를 위해 가야로 건너왔고, 그러한 선상에서 남진하는 고구려와 격돌했다는 논리였다. 식민사관이 거침없이 펼쳐진 日帝 교과서에서도 가야의 철 관련 서술은 존재하지 않았다.

　그러면 현재 일본 학계의 정설이 된 이 같은 주장의 근거는 무엇일까?『三國志』(魏書, 東夷傳 韓 條)에 적힌 "國出鐵 韓·濊·倭皆從取之 諸市買皆用鐵 如中國用錢 又以供給二郡"라는 기사였다. 즉 "나라에서 철이 난다. 한·예·왜 모두 이곳에 가서 (철을) 취하였다. 모든 시장에서 살 때는 모두 철을 쓰는데, 중국에서 돈을 쓰는 것과 같았다. 또 2군에 공급한다"고 했다. 문제는 '國出鐵'의 주체였다.

　『三國志』의 내용을 全寫하다시피한『後漢書』에서는 '國出鐵'의 주체를 진한으로 규정했다. 이후 출간된 중국의 모든 史書를 비롯하여 조선 후기의 역사학자들도 죄다 진한으로 지목했다. 저자 역시『三國志』의 이 구절을 꼼꼼히 분석한 결과 弁辰 즉 변한이 아니라 辰韓 관련 기사임을 導出할 수 있었다. 弱冠에『開闢』에 연재하던 박종홍의 다음 글에서도『三國志』관련 구절의 주체를 진한으로 지목했다. 즉 "國出鐵, 諸市買皆用錢, 如中國用錢, 韓濊倭皆從取之, 又以供給二郡. 世界全貨의 創製國으로 擅名하는 新羅國의 鑄錢한 源兆가 如此하얏나니 4隣은 姑捨하고 隔海한 倭에까지 供給하얏슴이로다. …鑄造는 4隣과 至於隔海한 倭에까지 貨幣를 供給한 辰韓과 嫁娶에 貴錢法이 잇던 東沃沮의 비록 無文錢일지나 鑄錢이 曾行하얏슴은 勿論이오. (朴鍾鴻,「朝鮮美術의 史的 考察 (第3回)」,『開闢』24, 1922, 25쪽)"라고 하였다. 1930년대 이전만 하더라도 그 누구도 '國出鐵'의 주체를 변한으로 지목하지 않았다.

그런데 1933년에 조선사편수회에서 간행한 『조선사』에서 '國出鐵'의 주체를 변한으로 분류하고 말았다. 이러한 분류를 의심없이 취신한 線上에서 임나일본부의 성격을 조선시대 倭館과 같은 商館으로 지목한 商館說이 제기되었다. 왜인들이 철을 구매하기 위해 당초 설치한 상관이 뒤에 와서 정치적 성격을 띠었다는 것이다. 이러한 주장은 왜의 가야 지역 진출의 動因을 찾고 있던 일본 학계로서는 반길 일이었다. 현재 일본 교과서에 수록된 구절은 이 같은 배경 속에서 등장한 것으로 보였다.

한국에서 云謂하는 '철의 왕국 가야'나 일본에서 야마토 조정의 가야 진출 배경으로 꼽고 있는 '철자원의 확보', 모두 신빙성을 잃었다. 왜에 철을 수출한 주체가 변한이 아니라 진한이었기 때문이다. 따라서 고대 한일관계사상의 한 軸이 흔들리게 된 것이다. 고대한일관계사상의 재편이 불가피해졌다. 이와 관련해 근자의 다음과 같은 관련 서술을 상기해 본다. 즉 "日本列島で國內資源による鐵の生產が六世紀まで確立しなかったのは, 交易によって朝鮮半島から鐵を輸入するほうが樂であり, 經濟的な合理性があったと考えることもできるからです. 일본열도에서 국내자원에 의한 철의 생산이 6세기까지 확립되지 않은 것은, 교역에 의해 조선반도에서 철을 수입하는 것이 편하고, 경제적인 합리성이 있었다고 생각할 수도 있기 때문입니다(浦

池明弘,『邪馬臺國はどこにあったのか?』文藝春秋, 2018, 124쪽)"라는 서술이다.

이렇듯 왜로서는 철 확보와 관련해 오랜 동안 한반도 諸國과 긴밀한 관련을 맺을 수밖에 없었다. 그런데『삼국지』에 등장하는 '國出鐵'의 주체가 진한으로 밝혀졌다. 그럼에 따라 진한에 이은 신라와 왜가 철을 매개로 교류했음을 알 수 있다.

사실 왜인들의 신라 침공 요인의 상당 부분은, 철을 둘러싼 여러 요소가 복합적으로 작용한 것같다. 왜는 신라로부터의 철자원 수입이 需要에 크게 미치지 못하자 약탈을 자행했을 가능성이 상정된다. 왜로서는 동해변에 소재한 신라의 철장을 아예 장악하려고 했을 수도 있다. 그러나 신라로부터의 철 구입이나 철장 장악이 如意치 못하자 왜는 다른 곳을 물색했을 것이다. 이런 상황에서 購買者로서 倭는 절대 열세인 乙의 상황에 놓았다. 그러므로 "일본열도의 사람들은 원래 귀중한 鐵資源을 구하기 위해 半島 남부와 깊은 교류를 가지고 있었으므로, 大和朝廷은 바다를 건너 朝鮮에 出兵했다. 그 때 大和朝廷은 半島 남부의 任那(加羅)라고 하는 곳에 거점을 구축했다고 생각되어진다( 藤岡信勝 外,『市販本: 新しい歷史教科書(改訂版)』, 扶桑社, 2005, 32쪽)"는 '거점구축설'은 사리에 맞지 않다. 보다 중요한 사실은 왜가 가야로부터 철을 구입했다는 기록 자체는 그 어디에도 없다. 일본 학계에서는『삼국지』의 진한 관련 기사를 변한으로 誤讀하여 확대시켜나간 데 불과했다.

왜가 철을 얻기 위해 수입하거나 약탈하는 상황을 예의 주시하던 이가 백제 근초고왕이었다. 그는 지금의 경상남도 창원으로 비정되는 탁순국에 찾아온 왜 사신을 漢城으로 불러들였다. 그 때가 366년이었다. 근초고왕은 왜 사신을 환대하고 보물창고까지 열어보여 주면서 진귀한 물산의 풍요로움을 한껏 과시했다. 이 때 근초고왕이 왜 사신에게 선물한 물품 가운데 하나가 '鐵鋌 40枚'였다. 이와 동일한 숫치의 '철정 40매'가 충주에 소재한 백제 탄금대토성에서 5매씩 8묶음으로 발견되었다. 신라나 가야 지역에서 10매나 20매 묶음으로 출토된 철정과는 차이가 나고 있다.

철을 매개로 백제와 왜는 步調를 맞추게 되었다. 그 첫 行步가 369년 兩國의 신라 및 가야와 마한 잔읍에 대한 평정이었다. 이 사건은 그간 신라를 통한 철 자원 확보에 대한 왜의 결별 선언으로 보아야 한다. 그러니 일대 事變으로 해석된다. 경상남도 창녕의 가야 고분이나 전라남도 해안 지역 마한 고분에서 朱漆 즉 朱砂가 나타나고 있다. 왜의 특산인 주사는 이들 지역과 교류하면서 간헐적으로 交換財로서 철을 수입할 수 있는 정황으로 해석된다. 그런데 과연 369년에 백제가 신라와 가야 지역에 진출했는지 여부를 떠나, 그간 신라와 왜 간의 主交易 창구가 백제로 전환됨을 알리는 사건임은 분명하였다.

백제는 이후 自國 鐵製品의 우월성을 과시하는 차원에서 谷那鐵山

을 신비롭게 포장하여 소개하였다. 말할나위 없이 신라보다 우수한 자국 양질의 철제품에 대한 구매 충동 차원의 판매 전략이었다. 철을 매개로 백제와 왜는 한층 심화된 관계로 나가게 되었다.

4

백제가 왜인들에게 과시했던 谷那鐵山의 위치에 대해서는 여러 견해가 지금까지 제기되어 왔다. 위치 확인의 본질은 谷那 지명이 『일본서기』에서 忱彌多禮와 함께 등장한 적이 있다는 것이다. 침미다례는 전라남도 해남을 가리킨다. 그렇다고 할 때 '東韓'이라는 지역과 함께 등장한 谷那 역시 지금의 전라남도에 소재한 것은 분명해진다. 아울러 谷那는 『전운옥편』에서 '곡'·'록'·'욕'의 3가지 음이 나온다. 그러므로 谷那는 '욕나'로 읽는 게 가능해진다. 백제 때 전라남도 谷城을 欲乃郡이라고 했다. 여기서 '욕나'와 '욕내'는 음운상으로 연결된다. 결국 谷那는 '鐵山' 지명까지 남아 있는 谷城으로 비정하는 게 합당해진다.

섬진강 상류와 연결되는 곡성에서는 서울의 석촌동고분에서 출토된 金製耳飾과 동일한 계통의 유물이 출토된 바 있다. 백제는 전라남도 고흥반도와 강진, 섬진강 하구의 다사진과 같은 水路上의 要地, 곡성과 같은 철산지에 대한 거점 지배를 단행했다. 더욱이 谷那鐵山에서 採掘·製鍊한 철은 섬진강 수로를 이용하여 한성과 왜로의 공급이 한결 용이해졌다.

이러한 측면에서 보더라도 백제가 왜에 공급했던 철자원인 谷那鐵山은 곡성이 더욱 분명해졌다. 백제로서는 왜에 대한 독점적인 철 공급을 통해 한층 유착되었을 것이다. 그러므로 어떠한 變種 논리라도 철자원 확보를 위해 왜가 가야 지역에 진출했다는 주장이 대세를 이루기는 어려워졌다.

5

본서에서 제기한 철 관련 논문 2편을 통해 고대한일관계사를 첫 단추부터 다시금 점검하는 轉機가 되기를 바랄 뿐이다. 이 小品이 관련 분야에 조금이라도 기여한다면, 그간의 수모는 새털처럼 날아갈 것이고, 餘恨 또한 없을 것 같다.

금년 8월에 정년하는 영동고등학교 이진훈 선생과 주몽골대한민국대사관 정재남 대사의 성원이 없었다면 본서는 태동하지 못했을 것이다. 이 자리를 빌어 고교 동기와 대학 후배인 두분께 심심한 감사의 말을 드린다. 끝으로 저자의 日譯 논문을 꼼꼼히 읽고 고쳐준 도쿄대학교에서 학위를 취득한 이부용 박사에게도 깊은 감사를 표한다.

2019년 2월 11일 밤

부여 官舍에서

著者

弁辰與辰韓雜居亦有城郭衣服居處與辰韓同言語

戰兵仗與馬韓同其俗行者相逢皆住讓路

其頭欲其褊今辰韓人皆褊頭男女近倭亦文身便步

舞飲酒有瑟其形似筑彈之亦有音曲兒生便以石壓

之諸市買皆用鐵如中國用錢又以供給二郡俗喜歌

智飛揚木〔魏署曰其國作屋橫累木為之有似牢獄也〕國出鐵韓濊倭皆從取

辛馬嫁娶禮俗男女有別以大鳥羽送死其意欲使死

〔欲所制為馬〕土地肥美宜種五穀及稻曉蠶桑作縑布乘駕

韓人作之世世相繼辰王不得自立為王〔魏署曰明其人為流移之人〕

六七百家總四五萬戶其十二國屬辰王辰王常用馬

목 차

# 弁韓 '國出鐵'論의 檢證과 意味

# I. 머리말

일반적으로 가야加耶하면 '철鐵의 왕국'으로 운위하고 있다.[1] 이러한 용어는 교과서를 비롯하여 어지간한 서적에는 어김없이 등장한다. 국립김해박물관 본관의 외벽은 특별히 의미를 부여하여 조성한 색깔이라고 했다. 박물관 건축(본관)에 대해 "철광석과 숯을 이미지화 한 검은색 벽돌을 사용하여 철의 왕국 가야를 상징적으로 표현"했다고 한다. 김해 금관가야의 번성도 고대국가의 잠재적 국력의 척도가 되는 제철산업의 발전에 기인한 것으로 믿고 있다. 실제 김해 하계리와 창원 봉림동 유적에서는 철광석에서 철을 추출하는 제련공정도 확인되었다. 또한 김해 여래리 유적의 단야 관련 유구와 유물을 통해 가야 철기의 생산과 유통 과정을 추정할 수 있게 했다.[2] 이와 관련해 "경주와 김해를 포함한 낙동강 하류권에 현대의 자철광상 17개소 가운데 13개소가 김해 일대에 분포하고 있으며, 적철광상은 김해 일대에만 3개소가 있다. 총20개의 철광상 가운데 16개가 김해 일대에 밀집 분포하였다.

---

1 '加耶'는 他稱인 데다가 표기한 시기도 떨어지므로 自稱인 '加羅'로 표기하는 게 맞다. 그러나 본고의 인용에서 '加耶'의 등장 頻度가 많은 관계로 혼선을 피하기 위해 '加耶'로 표기하였다.
2 김상민, 「한반도 철기문화의 등장과 발전 과정」, 『쇠·철·강 - 철의 문화사』, 국립중앙박물관, 2017, 224쪽.

또한 김해 부근에는 노두철광露頭鐵鑛만도 9개가 있는 것으로 나타나고 있어 이 지역은 과거부터 철생산이 용이했음을 알 수 있다"[3]고 자신했다. 여래리 유적은 철제 슬러그와 철기 등이 다수 출토되는 점으로 보아 제철과 관련된 취락 유적이 분포하였던 것으로 추정하였다.[4] 그리고 여래리 유적의 석곽묘에서는 단야구가 출토되기도 했다.[5]

그러나 홀시할 수 없는 사실은 야철冶鐵 유적을 비롯한 제철산지의 발견만이 '철의 왕국'을 입증해주는 근거가 되지 않는다. 몇 가지 조건에 부합해야만 '철鐵의 왕국王國 가야加耶' 론論은 공감을 얻을 수 있다. 이는 다음 보도 기사를 통해서도 엿볼 수 있다.

> 경남 김해시는 관내 제철유구 출토 철광석과 인근 광산에서 수습한 광물의 과학적 분석을 바탕으로 한 학술연구조사를 통해 '철의 왕국' 가야를 입증하는 연구에 착수한다고 12일 밝혔다. 금관가야는 중국의 고문헌에도 철을 화폐처럼 사용하고 중국의 군현에도 수출했다고 전할 만큼 철기문화의 중심지였으며 이는 대성동고분군 등에서 출토된 철기 부장품을 통해서도 확인된다. 2007년 진영읍 하계리·여래리유적 발굴조사에서는 제련로製鍊爐, 송풍관送風管 등 철생산 관련 시설이 일부 확인되었으나 대규모 제

---

3 한국문화재보호재단·한국토지주택공사, 『金海 本山里·餘來里遺蹟 I 』, 2014, 4쪽.
4 한국문화재보호재단·한국토지주택공사, 위의 책, 8쪽.
5 한국문화재보호재단·한국토지주택공사, 『金海 本山里·餘來里遺蹟 II 』, 2014, 원색도판8.

철유적이 발굴되지 않는가 하면 철광석 채취장소가 확인되지 않아 철의 왕국 가야에 대한 실질적 단서가 부족한 실정이다. 이번 연구에서는 관내 제철유구 출토 철제품과 철광석 산지 광물의 미세성분 함량 비교분석, 철광산지 추정 및 이를 바탕으로 한 주변 취락, 관방, 도로유적 등과의 종합적인 고고학 분석으로 실시된다. 이를 통해 가야시대 철광산지로 추정되는 상동, 대동 일대의 철광석과 실제 철제품을 비교해 광산이 확인되면 추가 발굴조사를 통해 관련 유적을 확인하고 문화재 지정 등을 추진할 예정이다. 연구는 문화재 전문기관인 (재)동서문물연구원에서 맡았으며 13일에 착수해 12월 초 학술자문회의를 통해 성과를 공개할 예정이다.[6]

금관가야 즉 구야국狗邪國에 대한 기대치가 높은 지역 보도 매체에서도 "철광석 채취장소가 확인되지 않아 철의 왕국 가야에 대한 실질적 단서가 부족한 실정이다"고 실토했다. 이러한 보도는 단순히 기자의 탁상안출卓上案出은 아니었다. 관련 전문가들의 소견을 종합한 결과로 보아야 한다.

김해 하계리 유적에서 출토된 제련로와 배소焙燒 시설은 4세기대로 편년되고 있다. 그렇지만 금관가야 흥성의 비결로 제철製鐵을 거론하

---

6 남경문, 「김해시, 제철유적 조사 착수…가야 '철의 왕국' 입증」, 『News1』 2016. 10. 13.

**그림 1-1** 김해 분산성에서 바라 본 김해 시가지 전경.
왼편 평야 지대는 조선 후기 간척의 산물이었다. 海水가 들어왔던 곳이다.

기는 어렵다. 왜냐하면『삼국지』동이전 한韓 조條 기사의 하한인 3세기 중반 이후 물증이기 때문이다.

그러면 '철의 왕국 가야'가 되기 위해서는 어떠한 충족 조건이 필요할까? 관건關鍵은 가야의 모태母胎가 되는 변한弁韓(弁辰)과 제철 관련 기사가 수록된『삼국지』위서 동이전 한 조의 내용과의 부합 여부이다. 즉 동이전 한 조의 제철製鐵 기사가 가야와 연관 있는 지에 대한 검증이 필요하다. 그리고 그 시점은『삼국지』의 집필 시점과 연관 지어 볼 때 적어도 3세기 중반 이전의 사실이어야만 한다. 그리고 구야국에서 매철賣鐵한 사실이 물증으로 드러나야 할 것이다. 즉 여러 정치 세력이 바다를 건너와서까지 구매했다는 것은 대규모 제철단지製鐵團地가 조성되었음을 뜻한다.

본고에서는 이러한 조건과 구야국과의 부합 여부를 검토해 보기로 했다. 이와 더불어 부합하지 않았을 때의 대안으로 울산의 달천 철광을 제시하였다. 이러한 논의를 통해 설령 정설로 굳어진 사안이더라도 얼마든지 재검증이 가능하다는 유연한 역사 해석의 전기가 될 것으로 믿어본다. 바로 이러한 점에 본고 작성의 의미를 부여하고, 또 방점을 찍고 싶다. 사실 조선 후기 순암 안정복安鼎福 이래로 숱한 연구자들이 변한이 아닌 진한의 철鐵로 지목했다. 이러한 견해는 지극히 타당하였지만, 특정인에서 연유한 주장이 검증 없이 확산 되어 결국 정설로 자리 잡았다. 본고에서는 이 점을 환기喚起시키지 않을 수 없었다. 이와 관련해 왜倭가 구매購買했던 철鐵의 산지가 김해金海가 아닌 울산蔚山 달천達川이었을 경우이다. 이 때는 일정 부분 고대古代 한 일관계사상韓日關係史像의 재편이 불가피해진다. 본고가 지닌 의미는 이러한 점에 있다.

덧붙여서 본고의 주제는 어디까지나 변한弁韓 '국출철國出鐵' 론論의 검증檢證이다. 한반도 전체 철광산에 대한 데이터베이스를 구축한다 든지, 연구사 정리가 중심은 아니다. 『삼국지』에 수록된 변한 '국출철' 론은 이미 정설이 되었다. 그랬기에 이 견해는 교과서에 죄다 수록되 어 있다. 따라서 대동소이大同小異한 주장을 반복해서 소개할 필요는 없었다. 게다가 본고에서 그 반대 소견을 거의 소개했다. 별도로 연구 사 정리라는 미명하에 지면을 할애할 이유는 없을 것 같다.

**그림 1-2** 부산 동래 복천동 고분에 부장된 철정(모형).

# II. 문헌에서의 검증

'철의 왕국 가야'를 운위하는 근거는 『삼국지』 위서 동이전 한 조의 기술에 기반했다. 물적 근거보다는 문헌 기사의 단 한 줄에 거의 절대적으로 의존해 왔다. 주지하듯이 금관가야를 소위 전기가야연맹의 맹주로 지목하는 서술이 통설처럼 되었다.

그 이유를 문헌에 보이는 번성한 제철산업에서 찾거나 그렇게 둘러붙이는 경향이 없지 않았다. 김해金海를 일컫는 역사적 지명인 수나라須奈羅 · 소나라素奈羅 · 금관국金官國은 모두 쇠[鐵]에서 유래했다고 한다.[7] 즉 '철국鐵國' 의미를 담고 있다. 철鐵과 금속金屬을 산출하는 토지土地, 철鐵의 특산지特産地였다는 움직일 수 없는 증거로 비쳤다.[8] 이러한 점도 김해의 구야국을 '철의 왕국'으로 인식시키는 데 일조했음은 분명하다. 그러나 김해金海를 가리키는 수나라須奈羅 뿐 아니라 신라의 국호國號였던 사로斯盧 · 서라徐羅 · 서나徐那도 '금국金國'의 뜻을 지녔다.[9] 따라서 국호만으로는 다음 a에 보이는 '國出鐵'의 주체를 식별하기는 어렵다. 게다가 인식과 실제는 구분되는 경우가 적지 않다. 그러므로

---

7  文暻鉉, 『新羅史硏究』, 慶北大學校出版部, 1983, 151쪽.
8  鈴木靖民, 『倭國史の展開と東アジア』, 岩波書店, 2012, 97쪽.
9  末松保和, 『任那興亡史』, 吉川弘文館, 1956, 138쪽. 236쪽.

'철의 왕국 가야'와 관련한 사안에 대해서는 엄중한 검증이 필요해졌다. 다음은 『삼국지』 위서 동이전 한 조의 관련 기사이다.

> a. 土地가 비옥하다. … 國에서 鐵이 난다. 韓·濊·倭는 모두 이곳에 와서 취했다. 모든 시장에서는 (물건을) 살 때는 모두 鐵을 쓰는데, 中國에서 돈[錢]을 쓰는 것과 같았다. 또 2郡에 공급하였다. … 어린애가 태어나면 즉시 돌로 그 머리를 눌렀다. 그 (머리를) 좁게 하려는 것이었다. 지금 辰韓人은 모두 褊頭이다. 男女가 倭에 가까워 역시 文身을 한다. 步戰을 잘하며 兵仗은 馬韓과 더불어 동일하다. 그 풍속은 길을 가는 자가 서로 마주치면 모두 길을 양보하며 간다. 弁辰은 辰韓과 더불어 雜居하는데 역시 城郭이 있다. 衣服과 居處는 辰韓과 더불어 동일하다. 言語와 法俗은 서로 닮았다.[10]

위의 기사에 보면 "國出鐵 韓·濊·倭 皆從取之 諸市買皆用鐵 如中國用錢 又以供給二郡"라는 유명한 구절이 포착된다. 문제는 한韓·예濊·왜倭에서 매입하는 '國出鐵'의 주체이다. 이에 대해 김정학은 "이 기사도 역시 진한의 것인지 또는 변한의 것인지 분명치 않다. 『후한

---

10 『三國志』 권30, 魏書 東夷傳 韓 條. "土地肥美 … 國出鐵 韓·濊·倭 皆從取之 諸市買皆用鐵 如中國用錢 又以供給二郡 … 兒生 便以石厭其頭 欲其褊 今辰韓人皆褊頭 男女近倭 亦文身 便步戰 兵仗與馬韓同 其俗 行者相逢 皆住讓路 弁辰與辰韓雜居 亦有城郭 衣服居處與辰韓同 言語法俗相似"

辰韓在馬韓之東其耆老傳世自言古之亡人避秦役
來適韓國馬韓割其東界地與之有城柵其言語不與
馬韓同名國爲邦弓爲弧賊爲寇行觴爲行觴相呼皆
爲徒有似秦人非但燕齊之名物也名樂浪人爲阿殘
東方人名國爲阿謂樂浪人本其殘餘人今有名之爲
秦韓者始有六國稍分爲十二國

弁辰亦十二國又有諸小別邑各有渠帥大者名臣智
其次有險側次有樊濊次有殺奚次有借邑有已柢國
不斯國弁辰彌離彌凍國弁辰接塗國勤耆國難彌離
彌凍國弁辰古資彌凍國弁辰古淳是國冉奚國弁辰
半路國弁辰樂奴國軍彌國弁辰彌烏邪馬國
如湛國弁辰甘路國戶路國州鮮國馬延國弁辰狗邪
國弁辰走漕馬國弁辰安邪國馬延國弁辰瀆盧國斯
盧國優中國弁辰韓合二十四國大國四五千家小國
六七百家總四五萬戶其十二國屬辰王辰王常用馬
韓人作之世世相繼辰王不得自立爲王

故爲馬韓所制土地肥美宜種五穀及稻曉蠶桑作縑布乘駕
牛馬嫁娶禮俗男女有別以大鳥羽送死其意欲使死
者飛揚國出鐵韓濊倭皆從取之諸市買皆用鐵如中國用錢又以供給二郡俗喜歌
舞飲酒用瑟其形似筑彈之亦有音曲兒生便以石壓
其頭欲其頭扁今辰韓人皆褊頭男女近倭亦文身便步
戰兵仗與馬韓同其風俗有異城郭衣服居處相逢行者皆讓路
弁辰與辰韓雜居亦有城郭衣服居處皆與辰韓同言語
法俗相似祠祭鬼神有異施竈皆在戶西其瀆盧國與
倭接界十二國亦有王其人形皆大衣服絜清長髮亦

그림 1-3 『三國志』 魏書 東夷傳 韓 條의 '國出鐵' 관련 부분.

그림 1-4 변한과 진한의 철정.

서『後漢書』의 찬자撰者는 이것을 진한의 것으로 구분하였으나, 앞에서 말한 바와 같이 다른 근거가 있었던 것은 아니다"[11]고 했다. 김정학은 '國出鐵'의 주체를 확정하지 않았다. 그러나 지금까지 대부분 견해는 그 주체를 변한으로 지목하였다.[12] 대표적인 견해가 다음에 인용한 이병도李丙燾의 서술이다.

그런데 當時 本土產物에 있어 한 가지 注意할 것은 弁辰의 鐵이었다. 魏志에 依하면 弁辰 諸國에서는, 鐵을 산출하여 韓人(辰馬)과 東濊人과 倭人이 모두 와서 貿易해 가고, 또 모든 賣買에 鐵을 使用함이 마치 中國에서 錢幣를 使用함과 같다 하였고, 樂浪·帶方二郡에 對하여도 鐵을 供給하였다고 한다. 말하자면 弁辰의 鐵은 當時 東方의 國際貿易品에 있어 가장 重要한 地位를 차지하고 있던 것이다. … 弁辰에서 賣買交換의 手段으로 쓰여진 鐵은 반드시 어떤 形態를 갖춘 地金(鐵塊·鐵板·ingot)에 틀림없을 것이나, 아직 그것으로 貨幣를 製造하는데까지는 이르지 못하였던 모양이다.[13]

---

11 金廷鶴, 『韓國上古史研究』, 범우사, 1990, 236쪽.
12 國史編纂委員會, 『中國正史朝鮮傳 譯註1』, 탐구당, 1987, 288쪽에서도 辰韓과 구분되는 弁辰으로 분류했다.
13 李丙燾, 「三韓問題의 新考察(六)」, 『震檀學報』7, 1937, 113쪽 ; 『韓國史 古代篇』, 乙酉文化社, 1959, 314쪽.

『삼국지』에 적힌 '國出鐵'의 주체를 변진으로 간주한 이병도의 서술은 이기백李基白에게도 영향을 미쳤다. 그는 "소금[鹽]이나 철鐵은 한나라 정부의 전매품이었던 만큼 관심이 컸을 것으로 생각되는데, 변한의 철이 낙랑군과 대방군에 공급되고 있었다"[14]고 서술했다. 역시 이기백도 변한의 철생산으로 믿었다. 울산박물관 간행 도록에서도 "변진에 철이 생산되는데, 마한 · 예 · 왜인이 모두 와서 사간다. … (『삼국지』 위서 동이전)"[15]고 했다. 여기서도 '國出鐵'의 주체를 '변진'으로 지목하였다. 그리고 구매 대상인 '마한'은 『삼국지』에서는 '한韓'으로만 적혀 있다. 반면 『후한서』 동同 조條에서는 '마한'으로 적혀 있는 것이다.

『삼국지』에서 철이 생산되어 수출한 주체를 변진 즉 변한으로 지목한 견해는 정설이 되었다.[16] 그랬기에 다음의 『고등학교 국사』 서술에도 영향을 미쳤다. 이는 지극히 자연스러운 현상이 아닐 수 없다. 실제 다음에 보이는 『고등학교 한국사』 교과서의 서술 역시 위에서 인용한 이병도의 논지와 동일하다.

    b-1. 당시 변한은 철의 생산이 많았는데, 마산의 성산동에서는 야철지冶鐵地가 발견되어 이미 기원전부터 제철이 크게 성하였던

---

14 李基白, 『韓國史新論』, 一潮閣, 1994, 41~42쪽.
15 울산박물관, 『개관기념도록(개정판) 울산박물관』, 2014, 66쪽.
16 이는 林炳泰, 「部族 移動과 철기 文化의 普及」, 『한국사 2: 고대 - 고대민족의 성장』, 국사편찬위원회, 1984, 117~118쪽에서도 확인된다.

**그림 1-5** 사철강괴.

것을 보여 주고 있다. 그리하여, 국내에서는 철괴를 화폐처럼 사용하기도 하였다. 그리고, 철은 국내 수요를 충족시켰을 뿐만 아니라, 낙랑, 대방과 일본 지역에도 수출되었다.[17]

b-2. 특히, 변한에서는 철이 많이 생산되어 낙랑, 왜 등에 수출하였다. 철은 교역에서 화폐처럼 사용되기도 하였다.[18]

b-3. 금관가야는 질 좋은 철을 생산하여 각종 철제 무기를 만들어 사용하였고, 철기를 만들 때 사용하는 덩이쇠를 화폐와 같은 교환 수단으로 이용하기도 하였다. 또한, 낙동강 하류의 해상 교통을 기반으로 낙랑군, 왜 등과 교류하면서 다양한 문화를 수용하였으며, 이를 토대로 독창적인 문화를 만들어 냈다.[19]

b-4. 금관가야는 질 좋은 철을 생산하였고, 해상 교통의 요지인 김해에 위치하고 있었기 때문이다. 금관가야는 낙랑군, 왜 등과 활발한 무역을 전개하면서 가야 연맹의 맹주국으로 성장하였다.[20]

그러면 위의 교과서 서술에서 알 수 있듯이 학계의 정설이 된 사안을 검증해 보고자 한다. 일단 '國出鐵'한 철은 한·예·왜에서 매입을

---

17 국사편찬위원회 · 1종도서연구 개발위원회, 『고등학교 국사』, 국정교과서주식회사, 1979, 17쪽.
18 국사편찬위원회 · 1종도서연구 개발위원회, 『고등학교 국사』, 교육인적자원부, 2002, 42쪽.
19 도면회 外, 『고등학교 한국사』, 비상교육, 2015, 30쪽.
20 왕현종 外, 『고등학교 한국사』, 동아출판사, 2015, 28쪽.

했다. 그리고 이곳의 철은 '이군二郡' 즉 낙랑군과 대방군에도 공급되었다는 것이다. 여기서 '한韓'은 다음에 인용한 『후한서』에서 '마한'으로 적었다. 그러므로 '國出鐵'의 주체는 진한이나 변한 가운데 한 곳이 된다. 아울러 짐작할 수 있는 사안은 마한과 동예, 왜 그리고 낙랑군과 대방군에도 철을 공급했다는 것이다. 5곳의 정치 세력에 공급할 수 있는 대규모의 제철단지가 소재했음을 뜻한다. 몇 개 단야구鍛冶具나 야철의 편린을 전하는 정도의 유물이나 유구와는 결부 지을 수 없다. 동해안과 서해안, 그리고 남해안을 이용할 뿐 아니라 대한해협 너머 일본열도까지 이어지는 거대한 해상철로海上鐵路(Sea-Iron Road)가 구축되었음을 알려준다.

이러한 '國出鐵'의 주체는 어디일까? 이는 『삼국지』 기사를 꼼꼼이 챙겨야만 확인할 수 있는 사안이다. 『삼국지』 동이전 한 조는 마한·진한·변진 항項으로 구성되었다. 진한 항과 변진 항을 동일한 조목별로 각각 대조해 보이는 게 좋을 것 같다. 다음의 표로 제시했다.

**표 1** 『삼국지』 동이전 진한과 변한 항 기사

| 내력 | | |
|---|---|---|
| | c-1. 진한 | 辰韓在馬韓之東 其耆老傳世 自言古之亡人避秦役 來適韓國 馬韓割其東界地與之 有城柵 其言語不與馬韓同 名國爲邦 弓爲弧 賊爲寇 行酒爲行觴 相呼皆爲徒 有似秦人 非但燕·齊之名物也 名樂浪人爲阿殘 東方人名我爲阿 謂樂浪本其殘餘人 今有名之 爲秦韓者 始有六國 稍分爲十二國 |
| | c-2. 변진 | 弁辰亦十二國 |
| 수장 호칭 | c-3. 공통 | 又有諸小別邑 各有渠帥 大者名臣智 其次有險側 次有樊濊次有 殺奚 次有邑借 |

| | | |
|---|---|---|
| 국명 | c-4. 공통<br>(併記) | 有已柢國·不斯國·弁辰彌離彌凍國·弁辰接塗國·勤耆國·難彌離彌凍國·弁辰古資彌凍國·弁辰古淳是國·冉奚國·弁辰半路國·弁[辰]樂奴國·軍彌國(弁軍彌國)·弁辰彌烏邪馬國·如湛國·弁辰甘路國·戶路國·州鮮國(馬延國)·弁辰狗邪國·弁辰走漕馬國·弁辰安邪國(馬延國)·弁辰瀆盧國·斯盧國·優由國<br>弁·辰韓合二十四國 大國四五千家 小國六七百家 總四五萬戶其十二國屬辰王 辰王常用馬韓人作之 世世相繼 辰王不得自立爲王 |
| 풍토 | | |
| | c-5. | 土地肥美 宜種五穀及稻 曉蠶桑 作縑布 乘駕牛馬 嫁娶禮俗 男女有別 以大鳥羽送死 其意欲使死者飛揚 國出鐵 韓·濊·倭 皆從取之 諸市買皆用鐵 如中國用錢 又以供給二郡 俗喜歌舞飲酒 有瑟 其形似筑 彈之亦有音曲 兒生 便以石厭其頭 欲其褊 今辰韓人皆褊頭 男女近倭 亦文身 便步戰 兵仗與馬韓同 其俗 行者相逢皆住讓路 |
| | c-6. 변진 | 弁辰與辰韓雜居 亦有城郭 衣服居處與辰韓同 言語法俗相似 祠祭鬼神有異 施竈皆在戶西 其瀆盧國與倭接界 十二國亦有王 其人形皆大 衣服絜淸 長髮 亦作廣幅細布 法俗特嚴峻 |

위에서 인용한 『삼국지』 위서 동이전 한 조의 변진 항에서 c-4~c-6 사이에 소재한 게 c-5의 '國出鐵' 기사이다. 그러면 이 기사는 진한과 변한 가운데 어디에 속할까?

c-5는 변진 기사가 분명한 c-6의 바로 앞에 적혀 있다. c-6의 모두冒頭에는 "변진은 진한과 더불어 잡거雜居했다. 역시 성곽이 있다"고 했다. 여기서 '역시 성곽이 있다'는 것은 그 앞의 진한을 염두에 두었다고 보아야 한다. 물론 진한 항에는 그러한 기사가 없다. 그렇지만 마한 항 모두冒頭에서는 "無城郭"라고 하였다. 때문에 변한 기사인 c-6 바로 앞에 적힌 c-5는 진한 관련 기사일 가능성이 높다. 그리고 c-5 문장을 보면 편두編頭 기사에서 '今辰韓人'이라고 하였다. 말할 나위 없이 진한에 관한 기사인 것이다. 물론 편두 인골은 김해 예안리에서 출

**그림 1-6** 고구려 고분 벽화(모사본)에 보이는 철제 갑옷으로 무장한 군인과 말.
막대한 양의 철 수요를 짐작하게 한다.

토된 바 있다. 그렇다고 하여 c-5가 변한 관련 기사일 수는 없다. c-6에서 "弁辰與辰韓雜居"라고 한 데서 기인한 현상으로 보여지기 때문이다. 실제 경주 금령총 출토 기마인물형토기 두상頭像을 보면 진한의 후신인 신라에서도 편두가 포착된다고 한다.[21] 이보다 중요한 사실은 경주 교동 94-3번지 유적의 목곽묘와 대구 화원 성산리 1호분의 서3호묘에서도 편두인골이 출토되었다.[22] 따라서 c-5 '國出鐵' 기사의 주체는 변한이 아니고 진한으로 지목해야 맞다. 적어도 '철鐵의 왕국 가야' 론의 주된 근거였던 c-5 '國出鐵' 기사는 가야와는 무관하다고 보아야 할 것 같다. 변한과 진한 소국명小國名들이 혼재된 c-4 기사에 이어 등장한 기사가 c-5 '國出鐵' 기사였다. 그렇기 때문에 연구자들이 혼동을 했거나 착각한 것으로 보여졌다.[23]

지금까지 검토했듯이 c-5 '國出鐵' 기사는 진한과 관련된 기사였다. 이것을 다시금 뒷받침해주는 기사가 다음 『후한서』 동이전 한 조 기사이다.

辰韓 耆老自言秦之亡人 避苦役 適韓國 馬韓割東界地與之 其

名國爲邦 弓爲弧 賊爲寇 行酒爲行觴 相呼爲徒 故或名之爲秦韓

---

21 이종호, 「게르만 민족 대이동을 촉발시킨 훈족과 한민족의 친연성에 관한 연구」, 『白山學報』 66, 2003, 226쪽.
22 李在賢, 「신라의 편두습속과 그 의의」, 『신라문화유산연구』 창간호, 2017, 30~35쪽.
23 이와는 달리 '國出鐵' 기사를 진한과 변한 모두에 해당하는 사안으로 지목하기도 한다. 일례로 孫晉泰, 『朝鮮民族史槪論(上)』, 乙酉文化社, 1948, 78쪽. 손영종 外, 『조선통사(상) 개정판』, 사회과학출판사, 2009, 131쪽 등을 꼽을 수 있다.

有城柵屋室 諸小別邑 各有渠帥 大者名臣智 次有儉側 次有樊秖
次有殺奚 次有邑借 土地肥美 宜五穀 知蠶桑 作縑布 乘駕牛馬 嫁
娶以禮 行者讓路 國出鐵 濊・倭・馬韓並從市之 凡諸貨易 皆以鐵
爲貨 俗憙歌舞飲酒鼓瑟 兒生欲令其頭扁 皆押之以石

위의 기사에 따르면『삼국지』에서 철 수출 대상 가운데 '한韓'으로만
적혀 있던 세력을 '마한'으로 구체적으로 적었다. 따라서 '國出鐵'의 주
체는 진한과 변한 가운데 한 곳이 된다. 그리고『후한서』는 '國出鐵' 기
사를 진한 항에 수록하였다. 따라서 그간 당연하게 여겼던 '國出鐵'의
주체는 변한 즉 가야와는 무관해졌다. 이러한 사실은 당대唐代 인물인
두우杜佑가 지은 다음의『통전通典』기사에서도 확인된다.[24]

辰韓 耆老自言秦之亡人 避苦役來適韓國 馬韓割其東界地與之
有城柵 其言語有類秦人 由是或謂之為 秦韓 其王常用馬韓人作之
世世相係襲 辰韓不得自立為王 明其為流移之人故也 其名國為邦
弓為弧 賊為寇 行酒為 行觴 相呼皆為徒 諸小邑各有渠帥 大者名臣
智 次有險側 次有樊濊 次有殺奚 次有邑借 皆其官名 土地肥美 宜
五穀 知蠶桑 作縑布 乘駕牛馬 嫁娶以禮 其俗男女有別 以大鳥羽送
死 其意欲使死者飛揚 國出鐵 韓濊倭皆從取之 諸市買皆用鐵 如中

---

24 이에 대해서는 宋令昊,「『通典』「邊防門」東夷篇의 구조 및 찬술 목적」,『史林』57,
2016, 152쪽을 참조하기 바란다.

國用錢 又以供給二郡 俗喜歌舞 飲酒 鼓琴瑟 其瑟形似筑 彈之亦有

音曲 兒生便以石厭其頭 欲其扁 故辰韓人皆扁頭 扁音補典反 男女

近倭 亦文身 便步戰 兵杖與馬韓同 其俗 行者相逢 皆住讓路[25]


　따라서 많은 이들이 묵시적으로 추종했던 '철의 왕국 가야'는 성립
되지 않는다. 이러한 이해는 『책부원구冊府元龜』[26] 뿐 아니라 『한원翰苑』
과[27] 『태평어람太平御覽』[28]을 비롯하여 『태평환우기太平寰宇記』[29]에서도
다시금 확인된다. 그러므로 '철의 왕국'은 가야가 아니라 '황금의 나라'
혹은 철鐵과 관련한 서라벌徐羅伐·서벌徐伐·사로斯盧·금성金城으로
일컬었고, 탈해脫解의 야장설화冶匠說話를 지닌 진한의 신라일 소지가

---

25 『通典』권185, 邊防1, 辰韓.

26 『冊府元龜』권959, 外臣部4, 土風. "辰韓, 在馬韓之東 … 出鐵 馬韓濊倭皆從取之 諸市
買皆用錢 如中國用錢 又以供給二郡"

27 『翰苑』蕃夷部, 三韓, "居城識秦人之風 髡髮驍州胡之俗 [後漢書曰 辰韓耆老自言 秦之
亡人 避苦役適韓國 馬韓割東界地與之 其名國爲邦 弓爲弧 賊爲冠[寇] 行酒爲行觴 相呼
爲徒 有似秦語 故或謂之爲秦韓 有城柵·屋室 諸小別邑各有(渠)渠師[帥] 大者名巨[臣]
智 次有儉側 次有樊祇[祇] 次有殺奚 次有邑借 土地肥美 宜五穀 知蠶桑 作縑布 乘駕牛
馬 嫁娶以禮 行者讓路 國出鐵 濊·倭·馬韓並從市之 諸貨易皆以鐵爲貨 弁辰與辰韓雜
居城郭 衣服皆同 言語風俗有異 其人(刑)形皆長大美髮 衣服潔淨 而形[刑]嚴峻 馬韓之
西海島上 有州胡國 其人短小兒頭 衣有上無下 好養牛豕 乘船往來 貨市韓中也]"

28 『太平御覽』권780, 四夷部1, 東夷1, 辰韓. "後漢書曰 辰韓 耆老自言 秦之亡人 避苦役
適韓 韓割東界地與之 其名國爲邦 弓爲弧 賊爲寇 行酒爲行觴 相呼皆爲徒 有似秦語 故
或名之爲秦韓 有城柵屋室 諸小別邑 各有渠師 大者名巨智 次有儉側 次有樊祇 次有殺
奚 次有邑偕 皆其官名 土地肥美 宜五穀 知蠶桑 作縑布 乘駕牛馬 嫁娶以禮 行者讓路
國出鐵 獩·倭·馬韓並從市之 凡諸貨易 皆以鐵爲貨 俗喜歌舞飲酒鼓瑟 兒生欲令頭扁
皆押之以石 [扁音補典切]"

29 『太平寰宇記』권172, 四夷1, 東夷1, 三韓國. "辰韓其地肥美 宜五穀 知蠶桑 作練布 乘
駕牛馬 嫁娶以禮 其俗 男女有別 以大鳥羽送死 其意欲使死者神魂 飛揚也 國出鐵 韓·
濊·倭 皆從取之 凡諸市易者 皆用鐵 如中國用錢刀 又以供給二郡"

높아졌다.[30] 이는 철鐵을 수입했던 왜倭가 신라를 가리켜 눈부신 금은
金銀이 나라에 많다고[31] 한 사실과 부합한다. 진한의 철 수출은 다음에
서 인용한 성호 이익李瀷이나 순암 안정복의 글에서도 확인된다.

慶州는 辰韓의 옛터이다. … 누에를 치면서도 비단을 중국에서
수입하고 鐵을 생산하면서도 칼과 거울이 왜인의 지혜를 따라가지
못하니, 천하의 賤工이 될 뿐이다. … 경주는 진한의 옛터이다.[32]

[安]『후한서』와『三國志』魏志에 비로소 三韓傳을 넣었다. …
辰韓의 풍속으로는 나라[國]를 邦이라 하고, 활[弓]을 弧라 하고,
賊을 寇라 하고, 술 따르는 것[行酒]을 行觴이라 한다. 서로 호칭
하기를 모두 徒라 하며, 모든 小邑에 각각 渠帥가 있는데, 큰 자는
臣智라 부르고, 다음에는 險側이 있고, 다음에는 樊穢가 있고, 다
음에는 殺奚가 있고, 다음에는 邑借가 있는데, 모두 벼슬 이름이
다. 땅이 기름져서 오곡을 심기에 마땅하며, 桑蠶하고 縑布를 만
들고 牛馬를 탈 줄안다. 예를 갖추어서 혼인하며, 남녀의 분별이
있으며, 죽은 사람을 장사 지낼 때는 큰 새의 깃을 쓰는데 그 뜻은

---

30 이에 대해서는 文暻鉉,『新羅史研究』,慶北大學校出版部, 1983, 172~176쪽을 참조하
기 바란다.
31 『日本書紀』권8, 仲哀 8년 9월 조. "眼炎之金銀彩色 多在其國 是謂栲衾新羅國焉"
32 『星湖僿說』권8, 人事門. "慶州又辰韓之墟也 … 如此有蠶功而絲錦必轉取上國有鍱鑪
而鏡刀不及倭智爲天下之賤工 … 慶州以其辰韓故墟"

죽은 사람을 하늘로 오르게 하려는 것이다. 이 나라에는 鐵이 나는데, 韓·濊·倭가 모두 여기서 가져간다. 저자에서 매매하는 데에는 모두 쇠를 쓰는데, 마치 중국에서 돈[錢]을 쓰는 것과 같으며, 또 이것을 二郡(낙랑군·대방군)까지 공급한다. 풍속이 노래와 춤과 술 마시고 거문고·비파 타기를 좋아하는데, 비파의 모양은 筑과 같으며 타면 또한 音曲이 나온다. 아이를 낳으면 곧 돌로 머리를 눌러 납작하게 하려 하므로, 진한인은 모두 扁頭이다. 남녀가 倭에 가까와서 文身을 한다. 步戰의 兵仗은 馬韓과 같다. 그 풍속은 길가는 사람이 서로 만나면 모두 멈추어 길을 양보한다. 弁辰에는 또한 城郭이 있고, 의복·거처가 진한과 같고, 언어와 풍속이 서로 비슷하나 … [33]

지금까지 살펴 본 바에 따르면 중국인이나 한인韓人은 물론이고, 시간을 초월해 모두 『삼국지』에 처음 기록된 제철製鐵 기사는 진한과 관련시켰다. 이 점을 다시금 확인하였다. 즉 『삼국지』 기사는 순리대로 독해讀解한다면 진한과 관련된 내용임을 파악할 수 있었다. 그랬기에 문경현은 일찍이 "이 두 기록(『삼국지』와 『후한서』: 필자)을 검토하여 볼 때 우리는 진한사회辰韓社會에서 고도로 발달한 제철기술製鐵技術과 방대한 철생산鐵生産이 이루어지고 있었음을 이해할 수 있다"[34]고 논파했다.

---

33 『東史綱目』 第一上, 戊申 二十八年[朝鮮王衛滿元年 是歲滿僭一].
34 文暻鉉, 「辰韓의 鐵産과 新羅의 强盛」, 『대구사학』 7·8합집, 1973, 92쪽 ; 앞의 책,

권병탁 역시 이 구절의 주체를 '진한'으로 지목하였다.[35] 심지어 1892년에 간행된 일본 최초의 한국사 개설서인 하야시 다이스케林泰輔의 『조선사朝鮮史』에서도 '國出鐵'의 주체를 진한으로 지목했다.[36]

그럼에도 '國出鐵'의 주체를 변한으로 지목한 데는 조선총독부에서 간행한 『조선사朝鮮史』의 영향으로 보인다. 이 책 별록別錄에서는 중국 사서에 등장하는 한국 관련 기사를 연대기순으로 정리하였다. 『삼국지』 동이전 한 조의 경우 문단의 첫 머리에 등장하는 연맹聯盟 명名에서 취하여 '마한전馬韓傳' · '진한전辰韓傳' · '변한전'의 순順으로 구분했다. 여기서 '國出鐵' 기사는 '변한전'에 수록되어 있다.[37] 이 책은 일목요연하게 정리된 편리함 때문에 연구자들이 많이 이용했다. 이병도의 경우도 변한전弁辰傳에 '國出鐵' 기사가 수록되어 있자 특별한 의식없이 원용한 것이 아닌가 생각된다. 이후 많은 연구자들도 이러한 상황을 답습한 것으로 보인다. 그렇지 않고서는 도저히 해석되지 않기 때문이다.[38] 그러면 이병도의 다음 서술을 살펴 본다.

---

150쪽.

35 권병탁, 『한국산업사연구』, 영남대학교출판부, 2004, 480쪽.

36 林泰輔, 『朝鮮史』 권1, 吉川半七藏, 1892 ; 편무진 외, 『조선사 번역 · 해제』, 인문사, 2013, 68쪽.

37 朝鮮總督府, 『朝鮮史』 第一編 第三卷 別錄, 朝鮮印刷株式會社, 1933, 39~40쪽.

38 참고로 1994~1997년까지 발굴된 충북 진천 석장리 유적, 경남 밀양 사촌제철유적 · 창원 봉림동 제철유적 · 창원 사림동 제철유적 등 여러 곳에서 제철유적이 발굴되었거나, 발굴 중에 있다. 울산의 달천 철장이 한반도 남부의 지배적인 철 생산지라는 것을 밝히려면, 다른 지역의 제철유적과의 비교가 필수적이라는 주장을 할 수 있다. 그러나 앞의 문헌 검증에서 드러났듯이 '國出鐵' 기사의 주체는 변한이 아니고 진한이었다. 그러므로 앞에서 열거한 마한이나 변한 지역의 무수한 鐵鑛産地는 본고에서는 의미를 잃었다. 더욱이 본고는 한국의 삼국시대 철생산 체계 전체를 거론한 논문이 아니다.

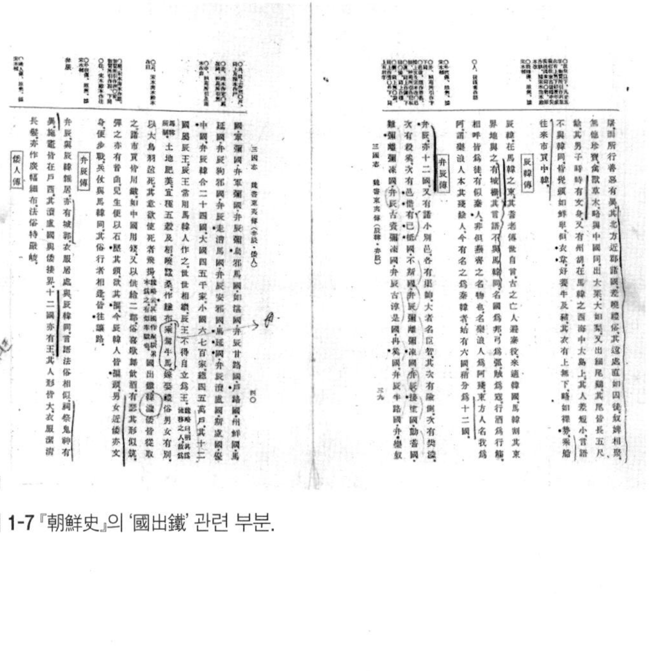

**그림 1-7** 『朝鮮史』의 '國出鐵' 관련 부분.

그런데 당시 本土産物에 있어서 한 가지 注意할 것은 弁辰의 鐵이었다. 魏志에 따르면 弁辰諸國에서는 鐵을 産出하여 韓人(辰·馬)과 東濊人과 倭人이 와서 貿易해 가고, 또 모든 賣買에 鐵을 사용함이 마치 中國에서 錢幣를 사용함과 같다 하였고, 樂浪·帶方 二郡에 대해서도 鐵을 提供하였다고 한다. 실제 新奇한 일은 1967年 6月에 釜山直轄市 東萊區 壽安洞에서 弁辰時代의 冶鐵址가 발견되었고(見圖版), 1974年 3月에도 旣述한 바와 같이 馬山市 外山洞 城山工團團地에서 발견된 貝塚 속에서 여러 유물들과 함께 冶鐵址가 나타났는데, 이것도 弁辰時代의 것임은 말할 것도 없다. 弁辰의 鐵은 당시 東方의 國際貿易品에 있어 가장 중요한 지위를 차지하고 있었던 것이다. 慶尚道地方은 三韓 以來 鐵産地로 有名하며, 특히 慶州·蔚山·安東·龍宮· 盈德·山陰·草溪 等地는 近朝鮮의 鐵의 歲貢地로 指定되어, 각기 鐵場(製鐵所)의 施設까지 가지고 있었던 것이다(脚註: 世宗實錄 地理志 慶尚道條). 弁辰에서 賣買交換의 手段으로 쓰여진 鐵은 반드시 어떤 형태를 갖춘 地金(鐵塊·鐵板, ingot)에 틀림없을 것이나, 아직 그것으로 貨幣를 製造하는데까지는 이르지 못하였던 모양이다. [39]

위의 글에서 이병도는 변한에서의 철 생산을 단정하였다. 그랬기

---

39 李丙燾, 『韓國古代史研究』, 博英社, 1976, 294쪽.

에 철을 수입한 대상인 '한韓'을 '진·마辰馬' 즉 '진한과 마한'으로 지목했다. 그러나 『후한서』에서는 '마한'만 적혀 있다. 그리고 이병도는 자신의 견해를 뒷받침하기 위해 부산 수안동과 마산 성산패총의 야철지를 거론했다. 그런데 낙동강 동편에 소재한 동래 수안동 야철지는 철장鐵場은 아니다. 오히려 진한의 달천철광에서 공급받은 철광석으로 철을 생산한 곳일 가능성이 높다. 그리고 마산 성산동 야철지는 제철 유적이 아닌 것으로 드러났다. 즉 "성산 조개무지(昌原 城山 貝塚) : 또 바닥층에서는 야철지冶鐵址라고 생각되는 구덩이와 도랑들이 발견되고, 쇠녹처럼 보이는 것이 있어 한때 야철지라고 발표된 일이 있으나, 그 후 정밀 검사결과 야철과는 상관없는 것으로 밝혀졌다"[40]고 했다. 그리고 조선시대 경상도 지역 제철 산지로 언급한 7곳 가운데 산음과 초계만 변한에 속할 뿐이다. 오히려 진한 지역이 5곳으로 훨씬 더 많다. 따라서 그가 거론한 고고학이나 문헌 자료가 지닌 호소력은 거의 없다.

물론 현재의 발굴 성과를 기반으로 김해 주변의 야철지를 거론하거나 조선시대의 문헌기록을 제시하기도 한다. 그러나 여기서 착오가 있으면 안 될 것 같다. 현재 김해 주변에서 야철지가 확인된다고 하여 그 연원이 변한까지 거슬러 올라간다는 법은 아니다. 한반도의 광물자원은 종류는 다양하지만 일부 비금속 광물을 제외하면 복잡한 지질

---

40 國立文化財研究所, 『韓國考古學事典(上)』, 2001, 655쪽.

구조에 따라 연속성이 불량하였다. 그 때문에 대체로 광체의 규모가 작은 특징을 지녔기 때문이다.[41] 물론 여러 가지 요인이 있겠지만 울산 달천 철광의 경우도 통일신라시대에는 조업이 분명하게 확인되지 않는다.[42] 광맥의 단절을 가리키는 것이다. 따라서 현재 확인된 광상鑛床의 연원을 소급하는 일은 주의해야 한다. 게다가 김해 주변 철장은 규모도 작을 뿐 아니라, 중국의 군현이나 왜와 교류했음을 입증하는 물증 자체도 보이지 않았다. 그럼에도 일본 연구자들의 대부분 역시 『삼국지』 '國出鐵' 기사의 주체를 변진과 결부 짓는 경향을 보였다.[43] 그러한 의식의 저변에는 '철鐵'을 야마토정권大和政權의 한반도 남부 진출 목적과 관련한 연결고리로 삼으려는 저의底意가 깔린 것이다.

---

41 이현구 外, 『한국의 광상』, 아카넷, 2007, 35쪽.
42 차순철, 「경주·울산지역 삼국시대 철생산유적과 백탄요 분포현황 검토」, 『제12회 한국철문화연구회·한림고고학연구소 학술세미나』 한국철문화연구회·한림고고학연구소, 2018, 154쪽.
43 鈴木靖民, 앞의 책, 88~90쪽.

## III. 고고학적 성과와의 조응 확인

『삼국지』에 보이는 '國出鐵'은 진한의 어느 지역을 가리키는 것일까? 문헌 기술상으로는 진한으로 지목하는 게 타당함을 앞에서 밝혔다. 그러나 사안의 중대성에 비추어 보다 분명하고도 적극적인 근거 제시가 진한 지역에서 요망된다. 일단 적어도 5곳에 철鐵을 판매하거나 공급했으므로 대규모 철장이 존재했어야 한다. 시기적으로는 3세기 중반 이전의 철장이어야만 할 것이다. 진한에 속한 울산 지역에서 확인된 삼국시대까지의 철장은 다음과 같다.

서하리 · 천상리 평천 · 구수리 · 조일리 · 검단리 · 고연리 괴천 유적 · 다대리 · 운화리 · 명산리 · 다운동 '바'구역 유적 · 약사동 북동 · 중산동 이화 유적 · 중산동 798-2번지 유적 · 중산동 약수 · 달천 유적(1~3차) · 달천 유적 · 상안동 유적 · 매곡동 유적(Ⅰ - Ⅴ지구) · 호계 매곡동 유적 · 연암 화봉동 유적[44]

지금까지 조사한 성과에 따르면 울산 지역에서 무려 20곳에 이르

---

44 울산박물관, 「울산지역 제철 관련 유적 집성」, 『울산철문화』, 울산박물관, 2013, 25~118쪽.

**그림 1-8** 경주 황남대총에 부장되었던 철정.

가야는 鐵의 왕국인가? —가야 · 신라 · 백제의 鐵

는 초기철기~삼국시대 야철 유적이 확인되었다. 동일한 시기 이 만한 야철지는 한반도 어느 곳에서도 확인되지 않았다. 이와 더불어 중요한 것은 철장의 입지 요건이다. 고대에는 교통이 편리한 지역에 양질의 노천 광맥만 발견하여 채굴採掘했다고 한다.[45] 육로와 수로를 함께 이어주는 교통의 요지였던 충주는 철산지鐵産地와 공급지供給地로서 가장 적합한 입지적 조건을 갖추었다. 이러한 요건을 염두에 두면서 진한에 소재하였고, 5곳에 판매하거나 공급했던 철장의 소재지를 추정해 보아야 한다. 즉 양질의 거대 철광단지인데다가 채굴이 용이하고, 또 공급망을 갖추고 있어야 된다. 일단 그러한 후보지의 입지 조건으로서는 중국 군현의 상인商人이나 동예인東濊人과 왜인倭人들이 접근하기 좋은 곳을 지목해야 한다. 이들의 접근성을 고려해 볼 때 내륙보다는 해안 지역을 유의해 볼 수 있다. 단순한 해안이 아니라 양항良港을 구비해야 한다. 그리고 철장 인근에 하천이 흘러가고 있어야 마땅하다. 아울러 이러한 철광 주변에 대규모 소비처가 존재해야하는 것이다. 즉 진한 연맹에서 정치와 경제적 거점인 맹주국과도 공간적으로 밀접하게 연결되어 있어야 한다.

이와 관련해 동해안의 양항良港으로서 진한辰韓의 관문關門이면서 맹주인 사로국과 연결되는 울산 지역이 주목된다. 울산에는 주지하듯이 장생포라는 저명한 항구가 소재했다. 특히 신라 박제상이 왕제王弟

---

45 文暻鉉, 앞의 책, 160쪽.

**그림 1-9** 충주 탄금대 밑의 칠금동 야철 유적지 발굴 광경.
철정이 출토된 백제 탄금대토성과 관련 있다.

**그림 1-10** 남한강을 끼고 있는 충주 탄금대토성 위치도.

미사흔을 구출하기 위해 왜倭로 출발한 포구가 율포栗浦였다.[46] 이곳
은 울산광역시 울주구 강동면에 소재하였다. 그리고 태화강 하류 울
산광역시 중구에 소재한 반구동 유적은 신라 최대의 무역항으로 익히
알려져 있다. 바다에 접한 울산은 하천을 끼고 있는 유서 깊은 양항良
港을 갖추었다.

울산 북구 농소면 달천리 철장은 70%에 이를 정도로 높은 철함유
량의 토철이고, 탐광이 용이한 천혜의 철산지였다.[47] 그리고 달천에
인접하여 제철 조업에 필요한 용수用水로서 동천강이 흘러가고 있다.
동대산의 풍부한 산림은 목탄木炭 연료의 공급지로서 적격이었다.[48]
게다가 울산 달천 광산의 제철은 경주 황성동 유적에서 확인되고 있
다. 이는 덧붙일 것도 없이 다음의 정리된 울산박물관 전시문이 응축
해 주고 있다.


달천철장

철장이란 철의 원료인 토철 또는 철광석을 캐던 곳을 말한다.
달천철장은 초기철기부터 조선 중기, 일제강점기를 거쳐 1996년
도까지 다량의 철광석과 토철을 채광한 곳이다. 이곳에서 발굴
조사된 유구는 대부분 채광과 관련된 것으로, 채광을 했던 구덩

---

46 『三國史記』권45, 朴堤上傳 ;『三國遺事』권1, 紀異, 奈勿王 金堤上 條.
47 권병탁, 앞의 책, 481쪽.
48 김권일,「울산지역의 제철문화」,『울산철문화』, 울산박물관, 2013, 455쪽.

이, 채광장, 채광 구덩이 등이 확인되었다. 삼각형덧띠토기, 긴목 항아리, 뚜껑, 작은 항아리, 굽다리접시, 무늬없는 토기 등 철광석 등의 유물이 출토되어, 기원전 1세기 중엽 이전부터 기원후 3세 기까지 채광을 했던 것으로 짐작된다. 특히 야요이토기와 낙랑계 토기를 통해 일본 큐슈 지역, 낙랑, 대방과의 교역이 있었음을 추 정할 수 있다. 한편, 달천철장의 철광석은 비소(As)가 포함되었다. 이를 통해 달천광산에서 채광한 철광석으로 만든 철 소재가 어느 지역에서 사용되었는지 알 수 있다. 달천광산을 중심으로 한 울 산지역의 제철문화는 초기철기~원삼국시대 울산지역 고대 정치 체의 성장을 촉진하는 경제적 기반이 되었으며, 사로국이 고대국 가로 성장하는데에도 핵심적인 역할을 하였다.

즉 경주 황성동 유적에서 출토된 제철 관련 유물의 분석 결과 비소 (As)가 검출되었다. 그러한 관계로 달천철장과 관련지어 살필 수 있었 다.[49] 달천철장은 폐광되었다가 17세기 후반 이의립李義立에 의해 재발 견되었다.[50] 달천철장에서는 모두 5개체분의 야요이토기편[彌生土器片] (달천유적Ⅰ)과 낙랑계토기(달천유적Ⅲ)가 출토된 바 있다. 심지어는 달천 채 광갱(북구 천곡동)에서도 야요이토기편彌生土器片이 출토되었다. 이는 달

---

49  울산문화재연구원, 『울산 달천유적 1차발굴조사』, 2008, 5쪽 ; 차순철, 앞의 논문, 144 쪽.
50  권병탁, 앞의 책, 569~572쪽.

**그림 1-11** 울산박물관에 전시된 반구동 유적 출토 유물.

**그림 1-12** 통일신라시대 반구동 항구 일대 상상도.

천철장을 매개로 일본열도와 낙랑과의 교류와 교역 사실을 추정할 수 있다.[51] 즉 야요이토기彌生土器는 왜倭에서도 매철買鐵했다는 기사와, 낙랑계토기는 2군郡 즉 낙랑·대방군에 공급했다는 『삼국지』 기사와 부합한다. 울산에서는 달천이나 중산동 그리고 매곡동 등의 수혈이나 주거지와 같은 생활유적에서 광범하게 야요이토기가 분포하였다.[52] 물론 야요이토기는 한반도에서는 사천泗川 늑도유적勒島遺蹟과 방지리유적芳芝里遺蹟, 고성固城 동외동패총東外洞貝塚 등 주로 남해안 일대에서 집중 출토되었다. 이는 일본열도와 가까운 지리적 이점 때문이었다. 반면 울산 달천유적과 매곡동유적은 달천철광과 연관되었기 때문이다.[53] 더욱이 달천철장의 채광 시기는 '기원전 1세기 중엽 이전부터 기원후 3세기까지'라고 했다.[54] 이러한 사실도 달천철장이 『삼국지』 한조 진한 항에 적혀 있는 '國出鐵' 기사와 정확히 일치한다. 다음의 정리에서도 이 사실은 입증되고 있다.

위 記事(『三國志』 진한 항: 筆者)의 변·진 철 산출지는 김해지역이 유력한 것으로 알려져 왔으나 최근 울산 달천 광산으로 보는 견해(文暲鉉 1992: 106~107, 권병탁 2004: 479~471)가 힘을 얻고 있다. 김해에서는 이른 시기의 제철 유적이 아직 조사되지 않고 있는 반면

---

51 울산문화재연구원, 『울산 달천유적 3차 발굴조사』, 2010, 146~147쪽.
52 (사)한국문화재조사기관협회, 『한국 출토 외래유물 (2)』, 2011, 888~915쪽.
53 울산문화재연구원, 『울산 달천유적 1차발굴조사』, 2008, 57쪽.
54 김권일, 앞의 논문, 441쪽.

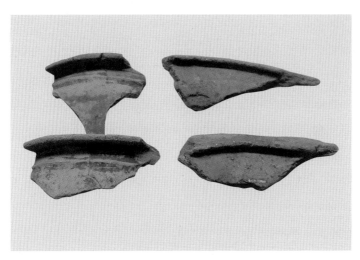

**그림 1-13** 울산박물관에 전시된 일본의 야요이[彌生] 토기편.

울산·경주지역에서는 다수의 원삼국시대 제철 유적이 조사되고 있고 3세기 사로국의 문헌적·고고학적 위상으로 보아 이들 기사의 철 산출지는 울산 달천 광산이 포함되어 있을 가능성이 높은 것으로 판단된다.[55]

위에서 인용한 '文曜鉉 1992'와 '권병탁 2004'는 각각 「신라의 철산鐵産」,『신라 산업경제의 신연구』, 신라문화제학술발표회 논문집과 『한국산업사연구』, 영남대학교 출판부를 가리킨다.

울산 달천광산에서는 기원전부터 철광석을 채굴하였던 흔적이 확인되었다.[56] 경주 황성동 유적의 시료를 분석한 결과 자철광이 원료로 사용되었고 철에 비소砒素가 다량 함유된 사실이 밝혀졌다. 우리 나라 철광산 중 비소의 함량이 높은 곳은 울산 달천광산이었다. 결국 황성동 제철 단지에서 사용한 철광석 산지가 울산에 소재했음을 알게 되었다.[57]

아울러 울산 창평동 목곽묘에서 출토된 한경漢鏡 2매枚[58]와 3세기대의 울주군 대대리 하대下垈 목곽묘에서 출토된 청동솥[銅鼎][59]도 대외교류의 편린을 보여준다. 모두 달천철장을 기반으로 하였을 가능성이

55 김권일, 위의 논문, 450쪽.
56 국립중앙박물관,『쇠·철·강 - 철의 문화사』, 2017, 44쪽.
57 孫明助,『韓國古代鐵器文化研究』, 진인진, 2012, 187·198쪽 ; 울산박물관,『개관기념도록(개정판) 울산박물관』, 2014, 66쪽 ; 차순철, 앞의 논문, 146쪽.
58 울산박물관,『개관기념도록(개정판) 울산박물관』, 55쪽.
59 울산박물관, 위의 책, 59쪽.

**그림 1-14** 달천철장에서 출토된 유물들.

**그림 1-15** 울주군 하대 목곽묘에서 출토된 중국제 銅鼎.

높다.[60] 실제 철鐵을 매개로 한 한반도와 일본열도 출토 철정鐵鋌의 분포를 비교하면 김해보다는 울산 쪽이 많다.[61] 이는 4세기 후반~5세기에 걸친 철정의 분포를 볼 때 일본열도에서는 오사카大阪 일대가, 한반도에서는 울산 쪽이 김해보다 압도적으로 많다.[62] 이로써도 왜인倭人들이 구매했던 '國出鐵'의 '국國'은 변한이 아니고 진한일 가능성을 높여준다.

염사착廉斯鑡 설화에 따르면 지황地皇(20~23년) 연간에 진한辰韓에서 벌목伐木하던 한인漢人 1,500명이 체포된 사례가 있다.[63] 이 설화는 믿기 어려운 내용도 보인다. 그러나 벌목伐木의 목적은 제철용製鐵用 목탄木炭을 얻기 위해서였다. 그리고 진한에서 수장층의 관리하에 목재木材의 벌채伐採 · 제탄製炭 · 운반運搬이 행해졌고, 그것은 철광석鐵鑛石의 채굴採掘 · 운반運搬 · 제단製鍛 단야생산鍛冶生産에 연계된 사실을 함축하고 있다.[64] 이러한 추정도 낙랑군과 연계된 진한에서의 활발한 제철製鐵 활동의 면면을 엿볼 수 있게 해준다. 실제 "又以供給二郡"라고 하여 '공급供給'이라는 표현을 사용했다. 군현郡縣에서 제철기술을 전수받은 대가로 철을 공급했을 가능성을 제기해 준다. 이는 "國出鐵 韓

---

60 울산의 제철 관련 유적과 유물은 자료정리가 되었지만 다른 지역은 미흡하므로 서로 비교하면 안된다는 주장도 있다. 그러나 담보하기 어려운 미래의 발굴 성과를 상정하면서 현재 드러난 실상을 묵힐 이유는 없다.
61 白石太一郎, 『考古學からみた倭國』, 靑木書店, 2009, 208쪽.
62 都出比呂志, 『古代國家はいつ成立したか』, 岩波書店, 2011, 87쪽.
63 『三國志』 권30, 동이전, 韓 條.
64 鈴木靖民, 앞의 책, 86쪽.

滅倭皆從取之"라고 한 한韓·예濊·왜倭의 '취取'와는 다르기 때문이다. 즉 군현에서는 진한의 철을 매입買入하지 않고 '공급供給'받는 관계였음을 알려준다. 당시 고가인 칠기漆器가 무려 84점點이나 부장된 왕광묘王光墓의 예에서 보듯이 호사豪奢한 묘墓를 축조했던 낙랑 한인漢人 재력財力의 근원을 한반도산韓半島産 금金의 이권利權을 독점한데서 찾기도 한다.[65] 이 견해대로라면 낙랑군이 금金·은銀·철鐵에 대한 이권을 독점한 대상은 진한이 될 수밖에 없다.

---

65 窪添慶文,「樂浪郡と帶方郡の推移」,『日本古代史講座3』, 學生社, 1981, 48쪽. 三上次男은 낙랑군의 最盛期인 1세기대의 사실로 지목하는 듯하다.

## IV. 변한=제철론의 귀결점 문제

변한에서 철鐵이 생산되었고, 또 왜倭에 수출하였다는 주장은 타당하지 않았다. 그럼에도 이러한 주장은 현재 한일韓日 양학계兩學界에서 통설을 넘어 정설로 좌정하고 있다. 그러면 기존의 변한 철생산 주장은 누가 제기하여 현재 어떠한 방향으로 흘러갔을까? 소위 임나일본부설任那日本府說의 실마리가 되었을 가능성에 대한 탐색이다. 다음의 기사를 살펴 보도록 한다.

> 이들 諸國과 日本과의 關係는 일찍부터 特殊하여, 弁辰의 鐵·金銀·織物·穀物·財寶(寶珠) 其他는 倭人의 主要한 貿易品이 되었고, 倭人의 武力은 이들 諸國의 後援 거리가 되었다. 日本 史上의 所謂 任那府란 것은 前에도 말한 바와 같이, 本質的으로 經濟的 利益(貿易)을 主로 하던 一種의 公的 商館(後日의 倭館과 같은 것)이었던 것이, 後에 차차 政治的 乃至 軍事的 活動을 兼하였던 것이 아닌가 생각한다.[66]

---

66 李丙燾,『韓國史 古代篇』, 乙酉文化社, 1959, 403쪽.

이병도의 주장은 '변진弁辰의 철鐵·금은金銀' 매입을 통해 설치한 게 임나任那의 왜倭 상관商館이라고 했다. 이러한 왜倭 상관商館이 정치와 군사적 성격으로 변화되었다는 것이다. 그러나 '변진의 철'이 아니라 '진한의 철'이라면 왜倭 상관설商館說 자체는 성립이 어렵다. 다음은 일본의 시각에서 왜와 변진 즉 가야加耶에 대한 인식이다.

▶ 백제와 신라 사이에 끼인 伽耶(加羅)는 왜와 관계가 깊고 또 중요한 자원인 철의 산지여서, 가야의 확보는 야마토 정권에게 중요한 과제였다.[67]

▶ 鐵資源 확보를 하기 위하여 일찍부터 가야와 밀접한 관계를 가졌던 倭國(야마토 정권)도, 백제·가야와 함께 고구려와 싸우게 되었다.[68]

▶ … "國出鐵 韓·濊·倭 皆從取之 諸市買皆用鐵 如中國用錢 又以供給二郡"라고 명확히 적혀 있듯이 弁辰 즉 뒤의 加耶地域의 鐵資源에 의지하였던 것으로 생각하지 않을 수 없다. … 초기 야마토 정권의 직접 前身인 邪馬臺國聯合이라고 부르는 廣域의 정

---

67  山本博文 監修, 『一册で日本史と世界史をのみこむ本』, 東京書籍, 1999, 61쪽(山本博文 著·이재석 譯, 『교양인을 위한 일본사』, 청어람미디어, 2002, 61쪽).
68  佐藤信 外, 『詳說 日本史研究』, 山川出版社, 2017, 37쪽.

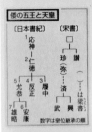

倭の五王と天皇

[日本書紀]　[宋書]

応神 1
仁徳 2
　　　　　　讃
　　　　　　珍(弥)
履中 3
反正 4　　　済
允恭 5
安康 6　　　興
雄略 7　　　武

数字は皇位継承の順
( )＝は梁書

好太王の碑

**倭王武の上表文**

興死して弟武立つ。自ら使持節都督倭・百済・新羅・任那・加羅・秦韓・慕韓七国諸軍事安東大将軍倭国王と称す。順帝の昇明二年①、使を遣して上表して曰く、「封②国③は偏遠にして、藩を外に作す。昔より祖禰④躬ら甲冑を擐き、山川を跋渉して寧処に遑あらず。東は毛人⑤を征すること五十五国、西は衆夷⑥を服すること六十六国、渡りて海北⑦を平ぐること九十五国……と。

《宋書倭国伝、原漢文》

①四七八年。②冊封。③自分の国のこと。④おちびて、自分の祖先のこと。⑤父祖というと、武の祖先の弥をさすという説とがあり、前者とみる眼もある。⑥蝦夷(えみし)だけでなく東国の人びとをこう呼んだのであろうか。⑦朝鮮半島のことか。

を進めるようになり、新羅や百済・加耶を圧迫するようになった。鉄資源を確保するため早くから加耶と密接な関係をもっていた倭国(ヤマト政権)も、百済・加耶とともに高句麗と戦うこととなった。

当時、高句麗の都であった丸都(中国吉林省集安市)にある高句麗の好太王(広開土王)碑の碑文には、倭が高句麗と直接交戦したことが記されている❶。この朝鮮半島における高句麗の騎馬軍団との戦いは、それまで乗馬の風習がなかった倭人たちに、いやおうなしに騎馬の技術を学ばせたようで、馬具が百済や加耶からもたらされるとともに、百済・加耶から渡来した技術者によって日本列島でも馬具や馬匹の生産が開始される。こうして5世紀になると日本列島の古墳にも、それまでみられなかった馬具が副葬されるようになるのである。このようにして多くの渡来人が海を渡って、乗馬の風習以外にもさまざまな技術や文化を倭国に伝えるのである。

倭国はまた、こうした朝鮮半島南部をめぐる外交・軍事上の立場を有利にするため、百済や新羅などと同じように中国の南朝に使いを送り、朝貢している。『宋書』倭国伝(夷蛮伝倭国条)には、5世紀初めから約1世紀の間に、讃・珍・済・興・武の5人の倭王(倭の五王)が相いついで宋に遣使したことが記されている❷。

《《大陸文化の受容》》 こうした朝鮮半島や中国との盛んな交渉によって、鉄器の生産、須恵器と呼ばれる新しい焼き物の生産、機織り、金・銀・金銅・銅などの金属工芸、土木などの新技術が主として朝鮮半島からの渡来人によっ

❶ 好太王碑は、高句麗の好太王(広開土王)一代の事績を記した高さ6.34mの大きな石碑で、そのなかに「百残(百済)新羅は旧是れ属民なり。由来朝貢す。而るに倭、辛卯の年(391年)よりこのかた、海を渡りて百残を破り新羅を□□と、以て臣民と為す」と記されている。
❷ 『宋書』倭国伝にみられる倭の五王のうち、済とその子である興と武については、『記紀』にみられる允恭とその子の安康・雄略の各天皇にあてることにはほとんど異論はないが、讃については応神・仁徳・履中の各天皇にあてる説があり、珍についても仁徳・反正天皇にあてる説が対立している。なお埼玉県の稲荷山古墳から出土した辛亥銘鉄剣の銘文にみえる「獲加多支鹵大王」が「記紀」にいう「ワカタケル」天皇すなわち雄略天皇、つまり倭王武にあたることはほぼ確実と考えられている。

그림 1-16 佐藤信 外, 『詳説 日本史研究』, 山川出版社, 2017, 37쪽.

치연합 형성의 계기가 弁辰 즉 加耶의 鐵資源 入手 루트의 지배
권을 둘러싼 다툼이었다는 것은 의심할 수 없는 것으로 생각된
다.[69]

▶ 3세기의 조선반도에 대하여 기록한『三國志』의「魏志 東夷
傳」弁辰 條에는 弁辰에서 鐵을 얻으려고 倭人도 찾아 왔다고 적
혀 있다. 5세기의 일본 고분에서 출토된 鐵鋌은 가야의 것과 형
태도 닮았고, 자연과학적 분석의 결과 朝鮮半島産의 것으로 判明
이 되었다. 倭人에게서 加耶는 중요한 鐵資源의 補給地였던 것이
다.[70]

▶ 倭國은 鐵資源의 확보를 위해 伽耶地域과 밀접한 관계를 지
니고 있었다.[71]

다음의 인용은 일본사 교과서에 수록된 내용이다. 일본 학계의 정
설이나 통설을 수록하는 것을 원칙으로 한 교과서 서술이기에 더욱
의미 깊게 살펴 보아야할 것 같다.

---

69  白石太一郎, 앞의 책, 209쪽, 211쪽.
70  都出比呂志, 앞의 책, 88쪽.
71  西東社編輯部,『圖解 日本史』, 西東社, 2013, 30쪽.

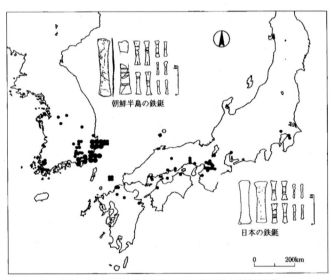

**図39 朝鮮半島と日本列島における鉄鋌出土遺跡の分布**
(●は1遺跡, ●は10遺跡を示す。東潮氏による)

**그림 1-17** 白石太一郎, 『考古學からみた倭國』, 青木書店, 2009, 208쪽.

図 3-2 鉄鋌(滋賀県新開 2 号墳)

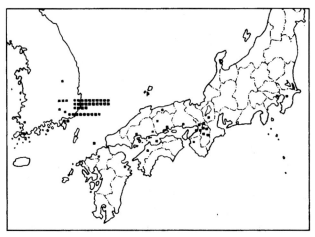

図 3-3 鉄鋌の分布

**그림 1-18** 都出比呂志, 『古代國家はいつ成立したか』, 岩波書店, 2011, 87쪽.

▶ 일본열도 사람들은 이전부터 鐵 자원을 얻고자 조선반도 남부와 교류를 해 왔었다. 이에 4세기 후반, 야마토 조정은 바다를 건너 조선으로 出兵했다. 야마토 조정은 반도 남부의 任那(加羅)라는 곳에 據點을 구축했다고 생각되어진다.[72]

▶ 백제는 大和朝廷에 도움을 구했다. 일본열도의 사람들은 원래 귀중한 鐵資源을 구하기 위해 半島 남부와 깊은 교류를 가지고 있었으므로, 大和朝廷은 바다를 건너 朝鮮에 出兵했다. 그 때 大和朝廷은 半島 남부의 任那(加羅)라고 하는 곳에 거점을 구축했다고 생각되어진다.[73]

▶ 조선반도의 철자원을 확보하기 위하여, 일찍부터 옛날의 弁韓의 지역인 加耶(加羅)諸國과 긴밀한 관계를 맺었던 倭國(야마토정권)은 4세기 후반에 고구려가 南下策으로 나가자, 백제와 가야와 함께 고구려와 싸우게 되었다.[74]

▶ 大和朝廷은 4세기 후반에 백제와의 우호 관계를 도모하여 半島의 철자원과 선진기술 등을 확보하기 위하여 조선반도에 진

---

72 新しい歴史教科書をつくる會,『中學社會: 新しい歴史教科書』, 扶桑社, 2001, 37쪽.
73 藤岡信勝 外,『市販本: 新しい歴史教科書(改訂版)』, 扶桑社, 2005, 32쪽.
74 笹山晴生 外,『詳說 日本史B』, 山川出版社, 2018, 26쪽.

출하였고, 아직 통일되지 않은 洛東江 下流 地域의 加羅(任那)에 세력을 뻗친 것으로 생각된다.[75]

▶ 日本書紀에는 任那, 조선측의 호칭으로는 加羅, 또는 伽耶로도 總稱되고 있다. 이 지역은 백제와 함께, 일본열도의 사람들과 깊은 교류가 있었다. 任那는 鐵의 産地인데, 大和朝廷은 이곳으로부터 鐵을 수입하여 지방에 분배함으로써 국내통일을 진척시킨 것으로 생각된다.[76]

▶ 倭는 4세기에는 조선반도 남부의 변한에 있었던 加耶諸國(加羅)과 밀접한 관계를 가지고, 철자원을 확보했다. 그것은 생산기술을 수입하는 半島의 據點이며, 왜인도 집단적으로 이주한 것으로 생각된다.[77]

▶ 일본고분에서 출토된 鐵板(奈良縣 출토 宮內廳 書陵部藏): 伽耶地域은 鐵의 産地였기에, 일본열도의 사람들은 이곳에서 철을 輸入하고 있었다.[78]

---

75 渡部昇一・小堀桂一郎・國武忠彦, 『高等學校 最新日本史』, 明成社, 2018, 22쪽.
76 杉原誠四郎 外, 『新版 中學社會: 新しい歴史教科書』, 自由社, 2018, 48쪽,
77 大津透・久留島典子・藤田覺・伊藤之雄, 『改訂版 新日本史B』, 山川出版社, 2018, 26쪽.
78 坂上康俊 外, 『新編 新しい社會歴史』, 東京書籍, 2018, 37쪽.

왜倭와 가야가 깊은 관계를 맺은 매체로서 철鐵의 존재를 언급했다. 왜가 가야를 확보하려한 주요 요인으로 철을 지목한 것이다. 소위 임나일본부설도 이렇게 포장이 되었다. 그런데 정작 임나일본부설을 체계적으로 정리했다는 쓰에마쓰 야스카즈末宋保和의 『임나흥망사任那興亡史』에서는 야마토조정大和朝廷의 임나任那 진출과 관련해 철鐵을 거론하지 않았다. 이로 볼 때 변진弁辰=철鐵이라는 이병도의 논고가 제출된 이후, 일본에서도 왜 세력의 한반도 남부 진출의 경제적 요인으로서 수용한 것으로 판단된다. 실제 요시다 아키라吉田晶에 의하면 4세기 이래로 왜는 가야의 철소재鐵素材와 생산 기술을 공급받았다고 한다.[79] 이와 관련해 그는 왜倭가 파견한 관료로 구성한 기구가 임나일본부라고 하였다. 즉 임나일본부의 교역기관설交易機關說을 제기했다. 이러한 견해는 이병도의 논지와 본질적으로 대동소이하다.[80]

그러나 변진 즉 가야가 아니라 진한이 '國出鐵'의 주체라면 이러한 서술은 성격을 전혀 달리하게 된다. 실제 왜倭가 신라 건국 초부터 끈질기게 침공해 왔던 요인을 손진태는 "후세 신라와 일본 사이에 일어난 부단不斷한 투쟁鬪爭의 중대한 원인의 하나도 이 철鐵의 쟁탈에 있었을 것이다"[81]고 단언斷言했다. 「광개토왕릉비문」에 보이는 왜군의 신라 침공도 이러한 선상에서의 해석도 일부 가능해진다. 결국 '國出

---

79 吉田晶, 「古代國家の形成」, 『岩波講座 日本歷史(古代2)』, 岩波書店, 1975, 54~ 57쪽.
80 金泰植, 「古代 韓日關係 硏究史 - 任那問題를 中心으로」, 『韓國古代史硏究』 27, 2002, 32~33쪽.
81 孫晉泰, 『朝鮮民族史槪論(上)』, 乙酉文化社, 1948, 78쪽.

鐵'의 주체를 진한 즉 신라가 타당하다면 지금까지 구축한 한일韓日 고대사상古代史像의 일각은 새로 짜야한다. 그러니 이 구절의 주체 파악은 중요한 관건關鍵이었다.

**그림 1-19** 신라의 철갑옷과 투구.

　가야는 鐵의 왕국인가? —가야·신라·백제의 鐵

# V. 맺음말

일반적으로 『삼국지』 위서魏書 동이전 한 조에 기록된 "國出鐵 韓·濊·倭 皆從取之 諸市買皆用鐵 如中國用錢 又以供給二郡"라는 기사를 변진 즉 변한과 결부 지었다. 국사편찬위원회 간행 『중국정사 조선전』에서도 이와 같이 간주했다. 그러한 관계로 모든 교과서에서는 철鐵의 왕국=변한=가야라는 인식을 설정하게 되었다. 삼국에 치여 가뜩이나 존재감이 약하던 가야를 띄울 수 있는 소재로서는 이 만한 사료가 없었다. 이 기사를 적극적으로 홍보한 관계로 하나의 고정된 이미지로 굳어졌다.

그러나 이것은 사실이 아니었다. 『삼국지』 위서 동이전 한 조의 제철製鐵 관련 기사는 내용을 분석해 볼 때 진한에 해당되었다. 실제 중국의 후속 문헌들인 『후한서』나 『통전通典』 등에 따르면 모두 진한과 관련 지었다. 조선 후기의 실학자들 역시 진한과 결부 지어 해석했다. 이 점은 20세기 연구자들의 인식에 앞서 존중했어야할 사안이었다. 그러나 대부분 간과하고 말았다. 이와 엮어진 중요한 사실은 3세기 중반 이전 시기의 대규모 철장鐵場이 김해 일대에서는 확인된 바 없다는 것이다. 반면 울산의 달천 철장 사용 시기는 '기원전 1세기 중엽 이전부터 기원후 3세기까지'이므로 『삼국지』의 서술 하한下限과도 부합

한다. 게다가 이곳은 유통에 유리한 양항良港을 끼고 있다. 그리고 중국 군현郡縣이나 왜倭와 관계된 유물도 출토되었다. 이 사실은 달천철광의 철鐵을 마한馬韓 · 예濊 · 왜倭뿐 아니라 낙랑군이나 대방군에 수출한 사실과도 정확히 부합한다. 따라서 거의 고정관념화된 '철의 왕국 가야' 론은 차분하게 재검토되어야 마땅하다.

다만 금관가야 즉 구야국은 철의 활발한 소비처였기에 수나라須奈羅 · 소나라素奈羅 · 금관金官 · 김해金海 등과 같은 이름이 부여되었을 것이다. 김해 지역에서 외래 유물의 밀집도가 높은 현상을 이렇게 설명할 수 있다.

『삼국지』에 적혀 있듯이 김해 구야국은 유수한 기항지寄港地였다. 대외교역의 중심지가 김해라는 지금까지의 연구성과와도 이는 배치되지 않았다. 따라서 김해 지역은 철 유통처일 수는 있다. 그러나 울산 철장鐵場에서는 중국과 일본 유물이 출토되었다. 양항良港을 끼고 있는 울산에서는 철鐵 교역이 직접 이루어졌다. 반면 김해 철장에서는 대외교역 관련 유물이 보이지 않았다. 철산지鐵産地에서 외래유물이 출토된 울산과는 이 점에서 명백히 구분되었다. 요컨대 '國出鐵'은 외래인外來人들의 산지産地 접근과 직수입直輸入 사실을 가리키는 증좌였다. 김해를 통한 철鐵 교역 가능성도 있지만, 이는 어디까지나 추측에 불과하다. 이와는 달리 직교역直交易의 명백한 증거가 울산에서 확인되었기 때문이다. 그렇다고 할 때 '國出鐵'은 김해 보다는 울산을 가리키는 지표로서 훨씬 유효하다.

이병도李丙燾의 창안創案인 임나일본부任那日本府가 상관商館에서 비롯되었다는 설說은 변진弁辰='國出鐵'에 기반하였다. 이러한 주장은 일본 연구자들에게 영향을 미쳤다. 그랬기에 일본 고등학교 교과서에서 왜倭의 야마토조정이 철과 선진기술 그리고 기술노예의 확보를 위해 한반도 남부에 진출했다는 서술이 등장한다. 여기서 왜가 확보하고자 했던 제철산지는 구야국狗邪國을 가리킨다. 왜의 제철산지 확보 욕구가 임나일본부설로 발현된 것처럼 포장되기도 했다. 『삼국지』위서 동이전 한 조의 제철製鐵 관련 기사의 주체를 변한으로 지목한 오류는 엉뚱한 근거로 확대・재생산되었다. 이러한 점에서도 사료史料의 세밀한 분석이라는 실증實證의 중요성을 재삼 깨닫게 된다. 따라서 지금까지 구축한 한일 고대사상古代史像의 일각은 새로 짜야한다.

**그림 1-20** 「경향신문」 2019년 1월 9일 인터넷판에 보이는 헤드라인 기사.

실상박물관이 전시 중인 '철의 왕국(왕라)' 코너로서 주인공이라기보다는
신라(3세기)유물들이 늘어서 있다. 이중에는 열처리된 교구 사진을 담은 스탠드 등 다
양한 토기 편임이 표시되어 있다.

# "철의 왕국, 가야가 아니라 신라였다"

### 이도학 교수, 학술지에 논문

'신라=철 생산국'임을 입증할 자료가 된다는 울산 달천 광산의 쇠붙이 광구술(위 사진). 달천 광산에서
확인된 토층과 노천채굴이 파악된 특징과 활용이.

조선총독부가 펴낸 '조선사' 영향
사학자 이병도가 언급 후 정설로

'가야=철 생산국' 입증 자료 박약
신라지역에선 제철유적 풍부하고
달천유적의 증명 자료 많아 주목

일부의 '단정은 시기상조' 견해

'철'이라는 이병도의 논고제출 이후 일본
의 역사교과서 등은 일본이 가야를 확보
하려는 주요 요인으로 철을 지적했으며
이러한 일지 일본부로도 이렇게 포장됐
다."고 주장했다.

이기환 선임기자 lkh@kyunghyang.com

# 참고문헌

## 사료

『三國史記』『三國遺事』『星湖僿說』『東史綱目』『三國志』『後漢書』『太平寰宇記』『册府元龜』『通典』『翰苑』

## 저서

國立文化財研究所,『韓國考古學事典(上)』, 2001.

국립중앙박물관,『쇠·철·강 - 철의 문화사』, 2017.

국사편찬위원회·1종도서연구 개발위원회,『고등학교 국사』,국정교과서주식회사, 1979.

國史編纂委員會,『中國正史朝鮮傳 譯註1』,탐구당, 1987.

국사편찬위원회·1종도서연구 개발위원회,『고등학교 국사』, 교육인적자원부, 2002.

권병탁,『한국산업사연구』, 영남대학교출판부, 2004.

金廷鶴,『韓國上古史研究』, 범우사, 1990.

大津透·久留島典子·藤田覺·伊藤之雄,『改訂版 新日本史B』, 山川出版社, 2018.

도면회 外,『고등학교 한국사』, 비상교육, 2015.

渡部昇一·小堀桂一郎·國武忠彦,『高等學校 最新日本史』, 明成社, 2018.

都出比呂志, 『古代國家はいつ成立したか』, 岩波書店, 2011.

藤岡信勝 外, 『市販本: 新しい歷史敎科書(改訂版)』, 扶桑社, 2005.

末松保和, 『任那興亡史』, 吉川弘文館, 1956.

文暻鉉, 『新羅史硏究』, 慶北大學校出版部, 1983.

山本博文 著·이재석 譯, 『교양인을 위한 일본사』, 청어람미디어, 2002.

杉原誠四郎 外, 『新版 中學社會: 新しい歷史敎科書』, 自由社, 2018.

西東社編輯部, 『圖解 日本史』, 西東社, 2013.

笹山晴生 外, 『詳說 日本史B』, 山川出版社, 2018.

손영종 外, 『조선통사(상) 개정판』, 사회과학출판사, 2009.

孫晉泰, 『朝鮮民族史槪論(上)』, 乙酉文化社, 1948.

울산문화재연구원, 『울산 달천유적 1차발굴조사』, 2008.

울산문화재연구원, 『울산 달천유적 3차 발굴조사』, 2010.

鈴木靖民, 『倭國史の展開と東アジア』, 岩波書店, 2012.

울산박물관, 『개관기념도록(개정판) 울산박물관』, 2014.

왕현종 外, 『고등학교 한국사』, 동아출판사, 2015.

李基白, 『韓國史新論』, 一潮閣, 1994.

李丙燾, 『韓國史 古代篇』, 乙酉文化社, 1959.

李丙燾, 『韓國古代史硏究』, 博英社, 1976.

이현구 外, 『한국의 광상』, 아카넷, 2007.

林泰輔, 『朝鮮史』 卷1, 吉川半七藏, 1892.

山本博文 著·이재석 譯, 『교양인을 위한 일본사』, 청어람미디어, 2002.

佐藤信 外, 『改訂版 詳說 日本史研究』, 山川出版社, 2008.

佐藤信 外, 『詳說 日本史研究』, 山川出版社, 2017.

白石太一郎, 『考古學からみた倭國』, 靑木書店, 2009.

(사)한국문화재조사기관협회, 『한국 출토 외래유물(2)』, 2011.

孫明助, 『韓國古代鐵器文化硏究』, 진인진, 2012.

朝鮮總督府, 『朝鮮史』第一編第三卷 別錄, 朝鮮印刷株式會社, 1933.

편무진 외, 『조선사 번역·해제』, 인문사, 2013.

坂上康俊 外, 『新編 新しい社會歷史』, 東京書籍, 2018.

한국문화재보호재단·한국토지주택공사, 『金海 本山里·餘來里遺蹟Ⅰ』
    2014.

한국문화재보호재단·한국토지주택공사, 『金海 本山里·餘來里遺蹟Ⅱ』
    2014.

## 논문

김권일, 「울산지역의 제철문화」, 『울산철문화』, 울산박물관, 2013.

김상민, 「한반도 철기문화의 등장과 발전 과정」, 『쇠·철·강 - 철의 문화사』,
    국립중앙박물관, 2017.

金泰植, 「古代 韓日關係 硏究史--任那問題를 中心으로」, 『韓國古代史硏究』
    27, 2002.

吉田晶, 「古代國家の形成」, 『岩波講座 日本歷史(古代2)』, 岩波書店, 1975.

남경문, 「김해시, 제철유적 조사 착수 … 가야 '철의 왕국' 입증」, 『News1』

2016. 10. 13.

宋令昊, 「『通典』「邊防門」東夷篇의 구조 및 찬술 목적」, 『史林』 57, 2016.

窪添慶文, 「樂浪郡と帶方郡の推移」, 『日本古代史講座3』, 學生社, 1981.

이종호, 「게르만 민족 대이동을 촉발시킨 훈족과 韓民族의 親緣性에 관한 연구」, 『白山學報』 66, 2003.

李在賢, 「신라의 편두습속과 그 의의」, 『신라문화유산연구』 창간호, 2017.

林炳泰, 「部族 移動과 철기 文化의 普及」, 『한국사 2: 고대 - 고대민족의 성장』, 국사편찬위원회, 1984.

차순철, 「경주・울산지역 삼국시대 철생산유적과 백탄요 분포현황 검토」, 『제12회 한국철문화연구회・한림고고학연구소 학술세미나』, 한국철문화연구회・한림고고학연구소, 2018.

〈Abstract〉

# Verification of Theory of steel production at Byun Han(弁韓) and the meaning

Lee, Do hack

As for Gaya, the so-called "iron kingdom" is often embedded in the mind. These descriptions and perceptions have become a definite concept. The basis of the so-called "Iron Kingdom theory" is produced in the country in a historical book titled "Samkukji" published in the late 3rd century. He Han(韓), Yae(濊), and Japanese(倭) alike came here and bought iron. also provided iron to two Chinese cities. He Take into account Bynhan as the head of an article on the iron of "Samkukji". As a result, it was thought about the prosperity of the Geumguan-Gaya region in Gimhae. If it was a so-called "iron kingdom", it should be verified in the literature and confirmed as a large iron refinery before the 3rd century.

We attempted to verify this. As a result, the author pointed out that the country, which is known for its iron production in the country, is consistently true in later Chinese history books and Korean history books. And when we looked at the article "Samkukji" the first record on this issue, it was not about change but about Jinhan. In addition, evidence of exchange with Japan and China, as well as a large-scale iron treatment center, was also found in Ulsan(蔚山), which was part of the country's scope. Therefore, it has been revealed that the site where literature and evidence match is the Dalcheon Iron Field in Ulsan. On the other hand, Geumguan-Gaya served as a source of iron and as a source of iron.

Nevertheless, the view of seeking for the advancement of Gaya in the southern part of the Korean Peninsula from securing iron resources and technical slaves is the norm of Japanese academia. This is also included in Japanese high school textbooks. However, through this article it turns out to be Silla, not Gaya. Then, one axis of ancient Japan-Korea relations that is built in Japan is collapsed. In this respect, we intend to engage in the meaning of this paper.

※ key words : Gaya, so-called "iron kingdom", iron, Byunhan, Jinhan, Samkukji, Ulsan, Geumguan-Gaya, Japanese

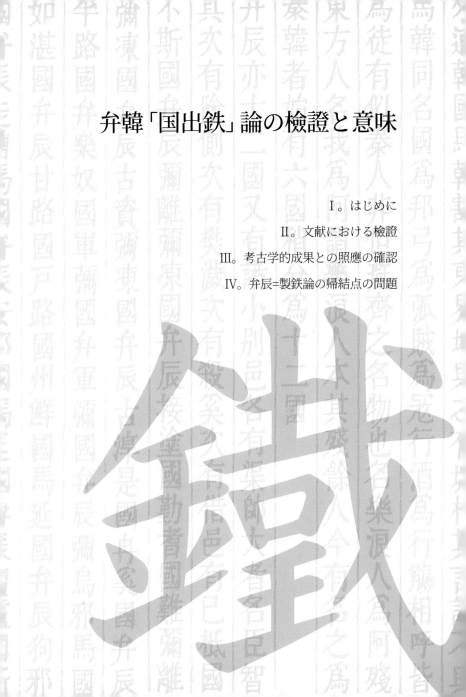

# 弁韓「国出鉄」論の檢證と意味

# Ⅰ。はじめに

　一般的に加耶には「鉄の王国」という表現が結び付けられている。[1] これらの用語は、教科書をはじめ、多くの書籍に必ずと言っていいほど登場する。国立金海博物館の本館の外壁の色には、特別な意味が込められていると言う。博物館の建築(本館)について、「鉄鉱石と炭をイメージした黒色の塼石を使用して鉄の王国の加耶を象徴的に表現」したという。金海金官加耶の繁盛も古代国家の潜在的国力の尺度となる製鉄産業の發展に起因したものと信じられている。實際に金海荷溪里と昌原鳳林洞遺跡では鉄鉱石で鉄を抽出する製錬工程も確認された。また、金海餘萊里遺跡の鍛冶関連遺構と遺物を通して加耶鉄器の生産と流通過程を推定することができるようだ。[2] これに関して、「慶州と金海を含んだ洛東江下流圏に現代の磁鉄鉱床の17個所のうち、13

---

1 「加耶」は他稱であるし、表記した時期も後代なので自稱である「加羅」と表記するのが正しい。しかし、本稿の引用で「加耶」の登場頻度が多く關係に混乱を避けるため、「加耶」と表記した。
2 　金尚昊,「韓半島鉄器文化の登場と發展過程」,『쇠・철・강- 철의 문화사』, 國立中央博物館、2017、224ページ。

個所が金海一帶に分包しており、赤鉄鉱床は金海一帶のみで3個所がある。總20個の鉄鉱床うち16個が金海一帶に密集して分布している。また、金海の附近には、露頭鉄鉱だけでも9個があるということで、この地域は、過去から鉄の生産に適していたことが分かる」[3]と断言した。餘萊里遺跡は鉄製スラグ(slug)と鉄器等が多數出土されている點から見て、製鉄と関連した聚落遺跡が分布していたものと推定した。[4] そして餘萊里遺跡の石槨墓では、鍛冶具が出土されることもあった。[5]

　しかし、見過してはいけないことは、冶鉄の遺跡や、鉄製の産地の発見だけで「鉄の王国」を立証することはできないという事実だ。いくつかの条件を充たさなければ「鉄の王国の加耶」論は成り立たないだろう。これは次の記事からも確認される。

　　慶南金海市は管內の製鉄遺構から出土した鉄鉱石と隣近の鉱山で收拾した鉱物の科学的分析を基にした学術研究調査を通して「鉄の王国」の加耶を立證する研究に着手すると12日明らかにした。金官伽倻は中国の古文献でも鉄を貨幣のよう

---

3　韓國文化財保護財團・韓國土地住宅公社,『金海本山里・餘來里遺跡 Ⅰ』2014, 4ページ。
4　韓國文化財保護財團・韓國土地住宅公社, 前揭書, 8ページ.
5　韓國文化財保護財團・韓國土地住宅公社,『金海本山里・餘來里遺跡Ⅱ』2014、原色圖版8。

に使用して中国の郡縣へも輸出したと伝わるほど鉄器文化の中心地であり、これは大成洞古墳群等で出土された鉄器副葬品を通しても確認される。2007年進永邑荷溪里・餘萊里遺跡の發掘調査では、製錬爐、送風管等の鉄生産関連施設が一部確認されたが、大規模製鉄遺跡が發掘されないし、鉄鉱石採取場所も確認されず、鉄の王国の加耶に関する實質的端緒が足りない實情ある。今回の研究では、(金海)管內製鉄遺構から出土した鉄製品と鉄鉱石産地鉱物の微細成分含量の比較分析、鉄鉱山地の推定と、これを基にした周辺の聚落、関防、道路遺跡等との綜合的な考古学分析が實施される。これを通して加耶時代の鉄鉱山地に推定されている上東、大東一帯の鉄鉱石と實際の鉄製品を比較して鉱山が確認されたら、追加發掘調査を通して関連遺跡を確認し、文化財指定等を推進する豫定である。研究は文化財専門機関である(財)東西文物研究院が引き受け、13日から着手して12月初に学術諮問會議を通して成果を公開する豫定である。[6]

金官加耶すなわち狗邪国に對する期待の高い地域メディアも「鉄鉱石採取場所も確認されず、鉄の王国の加耶に関する實

---

6 남경문, 「金海市, 製鉄遺跡 調査 着手 … 加耶 ‘鉄의 王國’ 立證」, 『News1』 2016.10.13.

質的端緒が足り94.ない實情である」と實吐したわけだ。これらの報道は単純に記者個人の机上の案出ではないだろう。関連分野の専門家たちの所見を綜合したものとして読むべきである。

　金海荷溪里遺跡で出土された製錬爐と焙燒施設は4世紀代に編年されている。しかしながら金官加耶の興盛の秘決の根拠として製鉄を取り上げることは難しい。なぜなら『三国志』東夷伝韓條記事の成立下限である3世紀中半以後の物證だからだ。

　それでは,「鉄の王国の加耶」論が成り立つためには、どのような充足條件が必要だろうか。関鍵は加耶の母胎となる弁韓(弁辰)と製鉄関聯記事が収録された『三国志』魏書東夷伝韓條の內容との一致の與否である。すなわち東夷伝韓條の製鉄記事が加耶と整合しているかに對する檢證が必要である。そして、その時期は『三国志』の執筆時期と合わせて見たときに、少なくとも3世紀中半以前の事實でなければならない。また、狗邪国から買鉄した事實が物証で示されなければならないだろう。つまり、複数政治勢力が海を渡って来てまで鉄を購買したということは、大規模の製鉄團地が造成されていたことを意味する。

　本稿では、これらの條件と狗邪国との符合與否を檢討してみることにした。これに加え、符合していないときの代案として蔚山の達川鉄鉱を提示した。これらの議論を通して仮に定説として固まった事案であっても、いくらでも再檢證が可能であ

るという、柔軟な歴史解釋の轉機を提示したい。まさにこのような點に本稿の意義を置き、強調したい。実際、朝鮮後期の歴史家の順菴安鼎福(1712~1791)以來に数多くの研究者が弁韓ではなく、辰韓の鉄であると指摘した。これらの見解は、至極妥當であったにもかかわらず、ある特定の人に緣由した主張が檢證なしに擴散された結果、定説になってしまった。本稿では、この點を喚起させたい。これに関して、倭が購買した鉄の産地が金海ではなく、蔚山達川だった可能性を考えてみよう。このときある程度の古代韓日関係史像の再編が不可避になる。本稿の持つ意味は、これらの點にある。

　ちなみに本稿の主題はあくまでも弁韓「国出鉄」論の檢證である。韓半島全体の鉄鉱山に對しデータベースを構築したり、研究史を整理することが目的ではない。『三国志』に収録された弁韓「国出鉄」論は、すでに定説となっている。なので、その見解は、教科書にことごとく収録されている。したがって大同小異な主張を繰り返し紹介する必要はないだろう。さらに、本稿では、反對の所見もほぼ紹介した。別途に研究史の整理という美名下に紙面を割愛する理由はないようだ。

## Ⅱ。文献における檢證

　「鉄の王国の加耶」を主張する根據は『三国志』魏書東夷伝韓條の記述に基づいていた。物的根拠はなく、文献の記事のただ一行に絶対的に依存してきたわけである。周知のように金官加耶をいわゆる前期加耶联盟の盟主として指目される敍述が通說のように扱われる。その根拠を文献に見える繁栄した製鉄産業に求めたり、またそのようにこじつける傾向がなくはなかった。金海を指す歴史的地名である須奈羅・素奈羅・金官国はすべて「쇠(鉄)」から由來したという。[7]すなわち「鉄国」の意味を含んでいるということだ。鉄と金屬を産出する土地、鉄の特産地であった動けない證據として映った。[8] これらの點も金海の狗邪国を「鉄の王国」に認識させるために一助したことは明らかである。しかし、金海を指す須奈羅だけでなく、新羅の国号だった斯盧・徐羅・徐那も「鉄国」の意味を持っている。[9] したがって国号だけでは、以下のaに示される「国出鉄」の主体を識別することは困難である。

---

7　文暻鉉、『新羅史研究』、慶北大學校出版部、1983、151ページ.
8　鈴木靖民、『倭國史の展開と東アジア』、岩波書店、2012、97ページ。
9　末松保和、『任那興亡史』、吉川弘文館、1956、138ページ。236ページ。

さらに、認識と實際は区別されるべきである。したがって、「鉄の王国の加耶」と関連した事案に對してはさらなる嚴重な檢證が必要である。以下は、『三国志』魏書東夷伝韓條の関連記事である。

　　a。土地が肥沃である。…国から鉄が出る。韓・濊・倭はすべて、ここに来て、取った。すべての市場では、(物を)買う時はすべて鉄を使用した。中国でお金[錢]を使用することと同じだった。また、2郡に供給した。…子供が生まれたらすぐに石でその頭を押した。その(頭を)狹くするためだった。今、辰韓人は皆褊頭である。男女が倭に近き文身をする。歩戦をよくし、兵仗は馬韓に加え、同一である。その風俗は道を行く者が向かい合えばすべての道を讓歩していく。弁辰は辰韓に加え雜居するが、やはり、これも城郭がある。衣服と居處は辰韓に加え、同一である。言語と法俗は互いに似ている。[10]

上記の記事にみると、「国出鉄 韓・濊・倭皆從取之諸市買皆用

---

10　『三國志』卷30, 魏書 東夷傳 韓 條. "土地肥美 … 國出鉄 韓・濊・倭 皆從取之 諸市買
　　皆用鉄 如中國用錢 又以供給二郡 … 兒生 便以石厭其頭 欲其褊 今辰韓人皆褊頭 男女
　　近倭 亦文身 便步戰 兵仗與馬韓同 其俗 行者相逢 皆住讓路 弁辰與辰韓雜居 亦有城郭
　　衣服居處與辰韓同 言語法俗相似"

鉄如中国用錢 又以供給二郡」という有名な句節が注目される。問題は、韓・濊・倭で買入する「国出鉄」の主体ある。これに對しては「この記事も又これが辰韓なのか、弁韓なのか明らかではない。『後漢書』の撰者は、これを辰韓のものとして区別したが、前述したように、他の根據があったわけではない」[11]と述べた。金廷鶴は「国出鉄」の主体を確定していない。しかし、今まで多くの見解は、その主体を弁韓に指目した。[12] 代表的な見解が次の引用する李丙燾の敍述だ。

ところが、當時本土産物において一つ注意したいことは、弁辰の鉄であった。魏志によると弁辰の諸国は、鉄を産出して韓人(辰馬)と東濊人と倭人の両方が来て貿易し、またすべての買買に鉄を使用することがまるで中国で錢幣を使用することと同様であるとし、樂浪・帯方の二郡に對しても、鉄を供給したとする。いわば弁辰の鉄は當時の東方の国際貿易品において最も重要な地位を占めていたのだ。…弁辰で買買の交換の手段として使われた鉄は必ずしもある形態をもつ地金(鉄塊・鉄板・ingot)に間違いないが、まだ貨幣を製造す

---

11 金廷鶴, 『韓國上古史研究』, 凡友社, 1990, 236ページ。
12 國史編纂委員會, 『中國正史朝鮮傳 譯註1』, 探求堂、1987、288ページでも辰韓と区別される弁辰に分類した。

るまでには至らなかったようだ。[13]

　『三国志』に書かれた「国出鉄」の主体を弁辰に看做した李丙燾の
敍述は李基白にも影響を及ぼした。彼は「塩や鉄は漢政府の専買
品だっただけに関心が大きかったと思われるが、弁韓の鉄が樂
浪郡と帯方郡に供給されていた」[14]と敍述した。やはり、李基白
も弁韓の鉄生産を信じた。蔚山博物館の刊行図録でも「弁辰に鉄
が生産されるが、馬韓・濊・倭人がみな来て買っていく。…(『三
国志』魏書東夷伝)」[15]とした。ここでも「国出鉄」の主体を「弁辰」に
指目した。そして購買の對象である「馬韓」は『三国志』では「韓」だ
けで書かれている。一方、『後漢書』の同條では「馬韓」として書か
れているのだ。

　このように、『三国志』において鉄を生産し輸出した主体を弁
辰、すなわち、弁韓に指目した見解は定説となった。[16] それで、
『高等学校国史』の敍述にも影響を及ぼした。これは極めて自然な
現象である。實際、次に挙げる教科書『高等学校韓国史』の敍述
も前に引用した李丙燾の論旨と一致する。

---

13　李丙燾,「三韓問題의 新考察(六)」,『震檀學報』7, 1937, 113쪽 ;『韓國史 古代篇』, 乙酉
　　文化社, 1959, 314ページ。
14　李基白,『韓國史新論』, 一潮閣, 1994, 41~42ページ。
15　蔚山博物館,『開館記念圖錄(改訂版) 蔚山博物館』, 2014, 66ページ。
16　これは 林炳泰,「部族 移動과 鉄器 文化의 普及」,『韓國史 2: 古代 - 古代民族의 成長』,
　　國史編纂委員會, 1984, 117~118ページにも確認される。

b-1。当時弁韓は鉄の生産が多かったが、馬山の城山洞で冶鉄址が発見され、すでに紀元前から製鉄が大きく盛んたことを示している。そして、国内では鉄塊を貨幣のように使用したりした。そして、鉄は国内需要を満たしただけでなく、樂浪、帶方と日本の地域にも輸出された。[17]

b-2。特に、弁韓では鉄が多く生産されて樂浪、倭等に輸出した。鉄は交易で貨幣のように使用された。[18]

b-3。金官伽倻は質の良い鉄を生産して、様々な鉄製の武器を作成して使用し、鉄器を作成するときに使用する鉄鋌を貨幣と同じ交換手段として利用したりした。また、洛東江の下流の海上交通を基盤に樂浪郡、倭等と交流しながら、多様な文化を受け入れており、これを基に独創的な文化を作り出した。[19]

---

17  國史編纂委員會・1種圖書研究 開發委員會,『高等學校 國史』, 國定教科書株式會社, 1979, 17ページ。
18  國史編纂委員會・1種圖書研究 開發委員會,『高等學校 國史』, 教育人的資源部, 2002, 42ページ。
19  도면회 外,『高等學校 韓國史』, 비상교육, 2015, 30ページ。

b-4。金官伽倻は質の良い鉄を生産し、海上交通の要地である金海に位置していたからである。金官伽倻は樂浪郡、倭等と活発な貿易を展開しながら加耶联盟の盟主国に成長した。[20]

　それでは、上記の教科書の叙述から分かるように学界の定說になった事案を檢證してみようと思う。一度「国出鉄」した鉄は韓・濊・倭で買入した。そして、ここの鉄は「二郡」すなわち樂浪郡と帶方郡にも供給されたという。ここで「韓」は、以下に引用する『後漢書』では「馬韓」として書いた。したがって，「国出鉄」の主体は辰韓か弁韓のどちらかの一カ所になる。また、推測できる点は馬韓と東濊、倭と樂浪郡と帶方郡にも鉄を供給したということである。5ヶ所の政治勢力に供給できる大規模な製鉄團地が存在したことを意味する。いくつかの鍛冶具や冶鉄の片鱗を伝える程度の遺物や遺構だけでは根拠が足りない。東海岸と西海岸、そして南海岸を利用するだけでなく、大韓海峽を越え、日本列島に至るまでの大規模な海上鉄路(Sea-Iron Road)が構築されたことを知らせる。

　このような「国出鉄」の主体はどこであろうか。これは『三国志』

---

20　왕현종 外，『高等學校 韓國史』，동아출판사，2015，28ページ。

の記事を精密に読み解けばこそ確認できる事案である。『三国志』
東夷伝韓條は馬韓・辰韓・弁辰の項に構成された。辰韓の項と
弁辰の項を同じ箇条それぞれ対照して見るのが良さそうだ。次
の表に提示した。

**表1**『三⊠志』東夷⊠の辰韓と弁韓の項の記事

| 來歷 | | |
| --- | --- | --- |
| | c-1. 辰韓 | 辰韓在馬韓之東 其耆老⊠世 自言古之亡人避秦役 來適韓⊠ 馬韓割其東界地與之 有城柵 其言語不與馬韓同 名⊠爲邦 弓爲弧 賊爲寇 行酒爲行觴 相呼皆爲徒 有似秦人 非但燕・齊之名物也 名樂浪人爲阿殘 東方人名我爲阿 謂樂浪人本其殘餘人 今有名之爲秦韓者 始有六⊠ 稍分爲十二⊠ |
| | c-2. 변진 | 弁辰亦十二⊠ |
| 首長呼稱 | c-3. 弁辰 | 又有諸小別邑 各有渠帥 大者名臣智 其次有險側 次有樊濊次有殺奚 次有邑借 |
| ⊠名 | c-4. 共通（併記） | 有已柢⊠・不斯⊠・弁辰彌離彌凍⊠・弁辰接塗⊠・勤耆⊠・難彌離彌凍⊠・弁辰古資彌凍⊠・弁辰古淳是⊠・冉奚⊠・弁辰半路⊠・弁[辰]樂奴⊠・軍彌⊠(弁軍彌⊠)・弁辰彌烏邪馬⊠・如湛⊠・弁辰甘路⊠・戸路⊠・州鮮⊠(馬延⊠)・弁辰狗邪⊠・弁辰走漕馬⊠・弁辰安邪⊠(馬延⊠)・弁辰瀆盧⊠・斯盧⊠・優由⊠<br>弁・辰韓合二十四⊠ 大⊠四五千家 小⊠六七百家 總四五萬戸 其十二⊠屬辰王 辰王常用馬韓人作之 世世相繼 辰王不得自立爲王 |
| 風土 | | |
| | c-5. | 土地肥美 宜種五穀及稻 曉蠶桑 作縑布 乘駕牛馬 嫁娶禮俗 男女有別 以大鳥羽送死 其意欲使死者飛揚 ⊠出鉄 韓・濊・倭 皆從取之 諸市買皆用鉄 如中⊠用錢 又以供給二郡 俗喜歌舞飮酒 有瑟 其形似筑 彈之亦有音曲 兒生 便以石厭其頭 欲其褊 今辰韓人皆褊頭 男女近倭 亦文身 便步戰 兵仗與馬韓同 其俗 行者相逢 皆住讓路 |
| | c-6. 弁辰 | 弁辰與辰韓雜居 亦有城郭 衣服居處與辰韓同 言語法俗相似 祠祭鬼神有異 施竈皆在戸西 其瀆盧⊠與倭接界 十二⊠亦有王 其人形皆大 衣服絜淸 長髮 亦作⊠幅細布 法俗特嚴峻 |

上記の引用した『三国志』魏書東夷伝韓條の弁辰の項で、c-4～c-6の間に所在したのが、c-5の「国出鉄」の記事である。それでは、この記事は、辰韓と弁韓の中でどこに属するだろうか。c-5は、弁辰の記事が明らかなc-6の目の前に書かれている。c-6の冒頭には、「弁辰は辰韓に加え雑居した。やはり、これも城郭がある」とした。ここで、「やはり、これも城郭がある」ということは、その前の辰韓を念頭においたと読むべきである。もちろん辰韓の項にそのような記事はない。しかしながら馬韓の項の冒頭では、「無城郭」とある。そこで、弁韓の記事のc-6の直前に書かれたc-5は辰韓の関連記事である可能性が高い。そしてc-5の文章を見ると、褊頭記事で「今辰韓人」とある。紛れもなく辰韓の記事であるわけだ。もちろん褊頭人骨は金海禮安里で出土されたことがある。だからといって、c-5が弁韓の関連記事であるはずはない。c-6の「弁辰與辰韓雑居」としたことから起因した現象であると見られるからである。さらに、慶州金鈴塚出土騎馬人物型土器頭像を見ると、辰韓の後身である新羅でも褊頭が発見されるという。[21] これより重要なのは慶州校洞94-3番地の遺跡の木槨墓と大邱花園城山里1号墳の西3号墓でも褊頭人骨が出土したこ

---

21　이종호,「게르만 민족 대이동을 촉발시킨 훈족과 韓民族의 親緣性에 관한 연구」,『白山學報』66, 2003, 226ページ。

とだ。[22] したがって、c-5の「国出鉄」記事の主体は弁韓ではなく、辰韓と指摘しなければならない。少なくとも「鉄の王国の加耶」論の主な根拠であったc-5の「国出鉄」の記事は加耶とは無関係であると見るべきであろう。弁韓と辰韓小国名が混在したc-4の記事に続いて登場した記事が、c-5であった。そのため、研究者が混同したり、錯覚したと判断される。[23]

今まで検討したように、c-5の「国出鉄」記事は辰韓に関連した記事だった。これをさらに裏付ける記事が次の『後漢書』東夷伝韓條の記事である。

> 辰韓 耆老自言秦之亡人 避苦役 適韓国 馬韓割東界地與之 其名国爲邦 弓爲弧 賊爲寇 行酒爲行觴 相呼爲徒 故或名之爲 秦韓 有城柵屋室 諸小別邑 各有渠帥 大者名臣智 次有儉側 次 有樊秖 次有殺奚 次有邑借 土地肥美 宜五穀 知蠶桑 作縑布 乘 駕牛馬 嫁娶以禮 行者讓路 国出鉄 濊・倭・馬韓並從市之 凡 諸貨易 皆以鉄爲貨 俗憙歌舞飲酒鼓瑟 兒生欲令其頭扁 皆押 之以石

---

22　李在賢、「新羅의 褊頭習俗과 ユ 意義」、『新羅文化遺産研究』創刊號、2017、30~35ページ。

23　これとは異なり、「國出鉄」の記事を辰韓と弁韓の両方に該当するという指摘もある。一例に孫晉泰、『朝鮮民族史概論』乙酉文化社、1948、78쪽. 손영종 外、『조선통사(상) 개정판』、사회과학출판사、2009、131ページ等が挙げられる。

上記の記事によると、『三国志』における鉄の輸出先のうち、「韓」でのみ記るされる勢力を「馬韓」と具体的に示した。なので、「国出鉄」の主体は辰韓か弁韓のどちらかの一カ所になる。そして、『後漢書』は「国出鉄」の記事を辰韓の項に收録した。それによると、これまで当たり前のように考えていた「国出鉄」の主体は弁韓すなわち加耶とは無関係になる。これらの事実は、唐代の人物である杜佑が撰した次の『通典』の記事からも確認される。[24]

辰韓 耆老自言秦之亡人 避苦役來適韓国 馬韓割其東界地
與之 有城柵 其言語有類秦人 由是或謂之為 秦韓 其王常用馬
韓人作之 世世相係襲 辰韓不得自立為王 明其為流移之人故也
其名国為邦 弓為弧 賊為寇 行酒為 行觴 相呼皆為徒 諸小邑各
有渠帥 大者名臣智 次有險側 次有樊濊 次有殺奚 次有邑借 皆
其官名 土地肥美 宜五穀 知蠶桑 作縑布 乘駕牛馬 嫁娶以禮 其
俗男女有別 以大鳥羽送死 其意欲使死者飛揚 国出鉄 韓濊倭
皆從取之 諸市買皆用鉄 如中国用錢 又以供給二郡 俗喜歌舞
飲酒 鼓琴瑟 其瑟形似筑 彈之亦有音曲 兒生便以石厭其頭 欲
其扁 故辰韓人皆扁頭 扁音補典反 男女近倭 亦文身 便步戰 兵

24 これについては、宋令昊,「『通典』「邊防門」東夷篇의 構造 및 撰述 目的」,『史林』57, 2016, 152ページを参照 すること。

杖與馬韓同 其俗 行者相逢 皆住讓路[25]


　したがって、多くの人々が黙示的に追従してきた「鉄の王国の加耶」論は成り立たない。これらの理解は『冊府元亀』[26]だけでなく、『翰苑』[27]や『太平御覧』[28]をはじめ、『太平寰宇記』[29]にも改めて確認される。つまり、「鉄の王国」は加耶ではなく、「黄金の国」あるいは鉄と関連した徐羅伐・徐伐・斯盧・金城に呼ばれ、脱解の冶匠説話の伝わる辰韓の新羅である可能性が高くなった。[30] これは鉄を輸入していた倭が新羅を指して、「眼炎く金銀金・銀・彩

---

25　『通典』卷185, 邊防1, 辰韓.
26　『冊府元亀』卷959, 外臣部4, 土風. “辰韓, 在馬韓之東 … 出鉄 馬韓濊倭皆從取之 諸市買皆用鉄 如中國用錢 又以供給二郡”
27　『翰苑』蕃夷部, 三韓, “居城識秦人之風, 髡髮驗州胡之俗 [後漢書曰 辰韓耆老自言 秦之亡人 避苦役適韓國 馬韓割東界地與之 其名國爲邦 弓爲弧 賊爲冠[寇] 行酒爲行觴 相呼爲徒 有似秦語 故或謂之爲秦韓 有城柵・屋室 諸小別邑各有(渠)渠師[帥] 大者名巨[臣]智 次有儉側 次有樊祇[秖] 次有殺奚 次有邑借 土地肥美 宜五穀 知蠶桑 作縑布 乘駕牛馬 嫁娶以禮 行者讓路 國出鉄 濊・倭・馬韓並從市之 諸貨貨皆以鉄爲貨 弁辰與辰韓雜居城郭 衣服皆同 言語風俗有異 其人(刑)形皆長大美髮 衣服潔淨 而形[刑]嚴峻 馬韓之西海島上 有州胡國 其人短小兒頭 衣有上無下 好養牛豕 乘船往來 貨市韓中也]”
28　『太平御覽』卷780, 四夷部1, 東夷1, 辰韓. “後漢書曰 辰韓 耆老自言 秦之亡人 避苦役適韓 韓割東界地與之 其名國爲邦 弓爲弧 賊爲寇 行酒爲行觴 相呼皆爲徒 有似秦語 故或名之爲秦韓 有城柵屋室 諸小別邑 各有渠師 大者名臣智 次有儉側 次有樊祇 次有殺奚 次有邑借 皆其官名 土地肥美 宜五穀 知蠶桑 作縑布 乘駕牛馬 嫁娶以禮 行者讓路 國出鉄 濊・倭・馬韓並從市之 凡諸貨易 皆以鉄爲貨 俗喜歌舞飲酒鼓瑟 兒生欲令頭扁 皆押之以石 [扁音補典切]”
29　『太平寰宇記』卷172, 四夷1, 東夷1, 三韓國. “辰韓其地肥美 宜五穀 知蠶桑 作練布 乘駕牛馬 嫁娶以禮 男女有別 以大鳥羽送死 其意欲使死者神魂 飛揚也 國出鉄 韓・濊・倭 皆從取之 凡諸市易者 皆用鉄刀 如中國用錢刀 又以供給二郡”
30　これについては、文暻鉉, 『新羅史硏究』, 慶北大學校出版部, 1983, 172~176ページを参照すること。

色、多に其の国在り」とした事実と符合する。[31] 辰韓の鉄の輸出は次に引用した朝鮮の歴史家の星湖李瀷(1681~1763)や順菴安鼎福の文章でも確認される。

【李】慶州は辰韓の旧跡である。…蚕を飼いながらもシルクを中国から輸入し、鉄を生産しながらも、剣と鏡の製作は倭人の知恵に及ばないから、天下に些細な匠人になるだけである。…慶州は辰韓の跡である。[32]

【安】『後漢書』と『三国志』魏志に初めて三韓伝を入れた。…辰韓の風俗ではくに[国]を邦とし、ゆみ[弓]を弧とし、賊を寇とし、お酒を注ぐこと[行酒]を行觴という。互いに呼称するにすべて徒とし、すべての小邑にそれぞれ渠帥があり、大きな者を臣智と呼び、次には険側があり、今度は樊穢があり、次には殺奚があり、次には邑借があるが、すべての官職名である。土地が肥沃で五穀を植えるに適し、桑蠶し縑布を作り、牛馬に乗るすべが分かる。礼を備えて婚姻し、男女の分別がある。死んだ人を葬るとき、大きな鳥の羽を添

---

31 『日本書紀』巻8, 仲哀8年9月 條. "眼炎之金銀彩色 多在其國 是謂栲衾新羅國焉"
32 『星湖僿說』巻8, 人事門. "慶州又辰韓之墟也 … 如此有蠶功而絲錦必轉取上國有銕鑪而鏡刀不及倭智為天下之賤工 … 慶州以其辰韓故墟"

えるが、それは死人が空へ飛び揚がることを願う意味である。この国には鉄が出るが、韓・濊・倭がすべてここから持って行く。市場で売買するとき、すべて鉄を使うのが、まるで中国でお金[錢]を使うことと同じで、またこれを二郡(樂浪郡・帶方郡)まで供給する。風俗は歌と踊りとお酒を飲むこと、玄琴・琵琶を奏することを愛でる。琵琶の形は筑のようで、弾くとまた音曲が出てくる。子供が生まれるとすぐに石で頭を押してぺちゃんこにしようとするので、辰韓人は皆扁頭である。男女が倭に近く文身をする。歩戰の兵仗は馬韓と同じである。その風俗は道端で人と人が出くわすと互いに止まって道を譲る。弁辰にはまた城郭があり、衣服・居處が辰韓と同じで、言語と風俗が互いに似ている…[33]

今まで見てきたように、中国人や韓人はもちろん、時間を超越して、すべて『三国志』に初めて記録された製鉄の記事は辰韓と関連づけられた。この点を改めて確認した。つまり,『三国志』の記事は順にしたがって読み解けば辰韓と関連する内容であることが把握できた。文暻鉉がかつて「この二つの記録(『三国志』と『後漢書』：筆者)を検討して見たとき、我々は辰韓社會で高度に発達

---

33 『東史綱目』第一上, 戊申 二十八年[朝鮮王衛滿元年 是歲滿僭一].

した製鉄技術と膨大な鉄の生産が行われていたことを理解することができる」[34]と論破した通りである。權丙卓も、この句節の主体を「辰韓」と指摘した。[35] しかも1892年に出版された日本最初の韓国史概説書である林泰輔の『朝鮮史』も「国出鉄」の主体を辰韓に指定した。[36]

それでも「国出鉄」の主体を弁韓と指摘したのは朝鮮総督府で出版された『朝鮮史』の影響があるとみられる。この本の別録では中国史書に登場する韓国関聯記事を年代記順に整理している。『三国志』東夷伝韓條の場合、文段の最初の頭に登場する聯盟名を取り，「馬韓伝」・「辰韓伝」・「弁辰伝」の順に区分した。ここで，「国出鉄」の記事は「弁辰伝」に収録されている。[37] この本は一目瞭然に整理された便利さのため、研究者たちが多く利用した。李丙燾の場合も弁辰伝に「国出鉄」の記事が掲載されていたので、別に注意もなく援用したものではないかと考えられる。以来、多くの研究者たちもこのような状況を踏襲したものと思われる。そうでなくては到底理解できないからである。[38]

---

34 文暻鉉,「辰韓의 鉄産과 新羅의 強盛」,『大丘史學』7・8合集, 1973, 92ページ；前掲書, 150ページ。

35 權丙卓,『韓國産業史研究』, 嶺南大學校出版部, 2004, 480ページ。

36 林泰輔,『朝鮮史』卷1, 吉川半七藏, 1892；片茂鎭 外,『朝鮮史 飜譯・解題』,인문사, 2013, 68ページ。

37 朝鮮總督府,『朝鮮史』第一編第三卷 別錄, 朝鮮印刷株式會社, 1933, 39~40ページ。

38 参考までに、1994~1997年まで発掘された忠北鎭川石帳里遺跡, 慶南密陽沙村製鉄遺跡・昌原鳳林洞製鉄遺跡・昌原士林洞製鉄遺跡等多数の場所で製鉄遺跡が発掘された

もちろん、現在の発掘成果をもとに金海周辺地域の冶鉄址を取り上げたり、朝鮮時代の文献記録を提示したりする。しかし、ここで錯誤があればならないようだ。現在の金海の周辺で冶鉄址が確認されたからといって、その淵源が弁韓にまでさかのぼれるわけではない。韓半島の鉱物資源は、種類はさまざまであるが、いくつかの非金属鉱物を除けば、複雑な地質構造によって連続性が不良であった。そのため、だいたい鉱体の規模が小さい特徴を持っている。[39] もちろん、いくつかの要因があるだろうが、蔚山達川鉄鉱の場合も、統一新羅時代には、その操業が明らかには確認されない。[40] したがって、現在確認されている鉱床の淵源を遡及することは注意しなければならない。さらに、金海周辺の鉄場は規模が小さいだけでなく、中国の郡縣や倭と交流したことを証明する物的証拠自体も見えない。それでも、日本の研究者のほとんどは『三国志』「国出鉄」の記事の主体を

か、発掘中である。蔚山の達川鉄腸が韓半島南部の支配的な鉄の生産地であることを明らかにするためには、他の地域の製鉄遺跡との比較が不可欠であるという主張もあるだろう。しかし、前の文献の検証で明らかになったように、「國出鉄」の記事の主体は弁韓ではなく辰韓であった。したがって、前に列挙した馬韓や弁韓地域の無数の鉄鉱産地は、本稿ではその意味を失った。さらに本稿は韓国の三國時代の鉄生産體系全体を取り上げる論文ではない。
39　이현구 外, 前掲書、35ページ。
40　車順喆,「慶州・蔚山地域 三國時代 鉄生産遺跡斗 白炭窯 分布現況 檢討」,『第12回 韓國鉄文化研究會・翰林考古學研究所 學術세미나』, 韓國鉄文化研究會・翰林考古學研究所, 2018, 154ページ。

弁辰に結び付けて考える傾向を見せる。[41] そのような意識の底には「鉄」を大和政権の韓半島南部への進出目的と関連した継ぎ目にしようとする考え方が敷かれているだろう。

---

41　鈴木靖民, 前掲書, 88~90ページ。

# III。考古学的成果との照應の確認

『三国志』に見える「国出鉄」は辰韓のどの地域を指すのだろうか。文献記述上では、辰韓と指摘するのが妥当であることを前節で明らかにした。しかし、事の重大性に鑑み、辰韓地域におけるより明確かつ積極的な根拠の提示が要求される。一応、少なくとも5個所に鉄を販売したり、供給したので、大規模な鉄場の存在が必要である。時期的には、3世紀中半以前の鉄場でなければならならない。辰韓に屬した蔚山地域で確認された三国時代までの鉄場は以下の通りである。

서하리·천상리 평천·구수리·조일리·검단리·고연리 괴천 유적·다대리·운화리·명산리·다운동 '바'구역 유적·약사동 북동·중산동 이화 유적·중산동 798-2번지 유적·중산동 약수·달천 유적(1~3차)·달천 유적·상안동 유적·매곡동 유적(I - V지구)·호계 매곡동 유적·연암 화봉동 유적[42]

---

42　蔚山博物館,「蔚山地域 製鉄 關聯 遺跡 集成」,『蔚山鉄文化』, 蔚山博物館, 2013, 25~118ページ。

これまで調査した成果によると、蔚山地域でおおよそ20個所まで、初期鉄器〜三国時代の冶鉄遺跡が確認された。同じ時期にこれに値する冶鉄址は、韓半島のどこからも発見されなかった。これに加え、重要なのは鉄場の立地条件である。古代には、交通の便利な地域に良質の露天鉱脈だけを発見して採掘したといわれる。[43] 陸路と水路の両方をつなぐ交通の要地であった忠州は鉄産地と供給地として最適な立地的条件を備えている。これらの要因を念頭に置きながら辰韓に所在し、5個所に販売または供給した鉄場の所在地を推定してみよう。すなわち、良質の巨大鉄鉱團地であるうえに採掘が容易であり、また供給網を備えている必要がある。一応、そのような候補地の立地條件として中国郡縣の商人や東濊人と倭人が接近しやすいところが考えられるだろう。これらの接近性を考慮してみると、内陸より海岸地域に留意して見ることができる。単純に海岸だけでなく、良港を具備しなければならない。そして鉄場の近くに河川が流れている必要がある。また、これらの鉄鉱の周辺に大規模な消費處が存在する必要があるだろう。つまり辰韓聯盟で政治と経済の據點である盟主国とも空間的に密接にリンクされなければならない。

---

43　文暻鉉, 前揭書, 160ページ。

これに関して東海岸の良港として辰韓の関門でありながら盟主である斯盧国と接続されている蔚山地域が注目される。蔚山は周知のように長生浦という著名な港口があった。特に新羅の朴堤上が王弟の未斯欣を救出するために倭に向かって出発した浦口は栗浦であった。[44] そこは、蔚山広域市蔚州区江東面に所在する。そして太和江の下流蔚山広域市中区にある伴鷗洞遺跡は新羅最大の貿易港としてよく知られている。海に面した蔚山は河川を挟んでいる由緒深い良港を備えている。

　蔚山北区農所面達川里の鉄場は70％に達するほど高い鉄含有量の土鉄であり、探鉱が容易な天惠の鉄山地であった。[45] そして達川に隣接して製鉄操業に必要な用水として東川江が流れている。東大山の豊かな山林は木炭燃料の供給地として適格であった。[46] さらに、蔚山達川鉱山の製鉄は慶州隍城洞遺跡から確認されている。付け加えることもなく、次の蔚山博物館の展示文によく整理されている。


達川鉄場

鉄場と鉄の原料である土鉄または鉄鉱石を掘った所をい

---

44　『三國史記』卷45, 朴堤上傳 ;『三國遺事』卷1, 紀異, 奈勿王 金堤上 條.
45　權丙卓, 前揭書, 481ページ。
46　김권일,「蔚山地域의 製鉄文化」,『蔚山鉄文化』, 蔚山博物館, 2013, 455ページ。

う。達川鉄場は初期鉄器から朝鮮中期、日帝治下を経て、1996年度まで多量の鉄鉱石と土鉄を採鉱したところである。ここで發掘調査された遺構はだいたい採鉱に関するもので、採鉱をしていたピット、採鉱場、採鉱ピットなどが確認された。三角形粘土帯土器、長頸壺、蓋、小壺、高杯、無文土器等鉄鉱石等の遺物が出土されて、紀元前1世紀の中葉以前から紀元後の3世紀まで採鉱をしていたものと推測される。特に彌生土器と樂浪系土器を介して日本の九州地域、樂浪、帯方との交易があったことが推定される。一方、達川鉄場の鉄鉱石には砒素(As)が含まれている。これにより、達川鉱山で採鉱した鉄鉱石で作成された鉄素材がどの地域で使用されたことかがわかる。達川鉱山を中心とした蔚山地域の製鉄文化は初期鉄器〜原三国時代の蔚山地域の古代政治体の成長を促進する経済的基盤となり、斯盧国が古代国家として成長するためにも核心的な役割を果たした。

つまり、慶州隍城洞遺跡から出土した製鉄関連遺物の分析結果砒素(As)が検出された。そのような関係で達川鉄場と関連付けて考察することができた。[47] 達川鉄場は廃鉱されたが、17世紀

---

47  蔚山文化財研究院,『蔚山 達川遺跡 1次發掘調査』2008, 5ページ。; 車順喆, 前掲論文, 144ページ。

の後半、李義立(1621~1694)によって再發見された。[48] 達川鉄場です
べての5個体分の彌生土器片(達川遺跡 I)と樂浪系土器(達川遺跡 III)が出
土したことがある。さらに、達川採鉱坑(北区泉谷洞)でも彌生土器
片が出土した。達川鉄場を媒介に日本列島と樂浪との交流や交
易事実を推定することができる。[49] つまり彌生土器は倭でも買鉄
した記事と、樂浪系土器は2郡、すなわち樂浪・帯方郡に供給し
た『三国志』の記事と符合する。蔚山では達川や中山洞そして梅谷
洞等の竪穴や住居址などの生活遺跡から幅広く彌生土器が分布
している。[50] もちろん彌生土器は韓半島では、泗川勒島遺跡と芳
芝里遺跡、固城東外洞貝塚など、主に南海岸一帯で集中的に出
土した。これは日本列島に近いという地理的な利点のためであ
った。一方、蔚山達川遺跡と梅谷洞遺跡は達川鉄鉱と関連付け
られたからである。[51] しかも達川鉄場の採鉱時期は「紀元前1世紀
の中葉以前から紀元後の3世紀まで」とした。[52] このような事実も
達川鉄場が『三国志』韓條辰韓の項に書かれている「国出鉄」の記事
と正確に一致する。次の論文でもこの事實は証明されている。

---

48  權丙卓, 前揭書, 569~572ページ。
49  蔚山文化財研究院,『蔚山 達川遺跡 3次 發掘調査』2010, 146~147ページ。
50  (社)韓國文化財調査機關協會,『韓國 出土 外來遺物(2)』2011, 888~915ページ。
51  蔚山文化財研究院,『蔚山 達川遺跡 1次發掘調査』2008, 57ページ。
52  김권일, 前揭論文, 441ページ。

上記記事(『三国志』辰韓の項：筆者)の弁・辰鉄産出地は金
　海地域が有力であると言われてきたが、最近、蔚山達川鉱山
　にみる見方(文暻鉉 1992：106〜107、權丙卓 2004：479〜471)が力を
　得ている。金海では早い時期の製鉄遺跡がまだ調査されてい
　ない一方、蔚山・慶州地域では多数の原三国時代の製鉄遺跡
　が調査されており、3世紀斯盧国の文献的・考古学的位相か
　ら見て、これらの記事の鉄産出地は蔚山達川鉱山が含まれて
　いた可能性が高いと判断される。[53]

　上記の引用した「文暻鉉1992」と「權丙卓2004」は、それぞれ「新
羅の鉄産」、『新羅産業経済の新研究』, 新羅文化祭学術發表會論文
集と『韓国産業史研究』, 嶺南大学校出版部を指す。蔚山達川鉱山
は紀元前から鉄鉱石を採掘した跡が確認された。[54] 慶州隍城洞遺
跡の試料を分析した結果、磁鉄鉱が原料として使用され、鉄に
砒素が多量含有されていることが明らかになった。韓国の鉄鉱
山の中で砒素の含量が高い所は蔚山達川鉱山だった。結局、隍
城洞製鉄團地で使用した鉄鉱石産地が蔚山に所在したことが分

---

53　김권일, 上揭論文, 450ページ。
54　國立中央博物館,『쇠・철・강 - 철의 문화사』2017, 44ページ。

かった。[55] また、蔚山倉坪洞木槨墓から出土した漢鏡2枚[56]と3世紀代の蔚州郡大垈里下垈木槨墓から出土した銅鼎[57]も對外交流の片鱗を見せてくれる。すべて達川鉄場を基盤にした可能性が高い。[58] 実際、鉄を媒介とした韓半島と日本列島出土の鉄鋋の分布を比較すると金海より蔚山のほうが多い。[59] これは4世紀後半〜5世紀にわたる鉄鋋の分布を見ると、日本列島では、大阪の一帯が、韓半島では、蔚山の方が金海より壓倒的に多い。[60] この事実も倭人たちが購買した「国出鉄」の「国」は弁辰ではなく、辰韓である可能性を高める。

廉斯鑡の說話によると、地皇(20~23年)年間に辰韓で伐木した漢人1500人が逮捕された事例がある。[61] この物語には信じ難い内容も含まれている。しかし、伐木の目的は、製鉄用の木炭を得るためだった。そして辰韓で首長層の管理下に木材の伐採・製炭・運搬が行われ、それは鉄鉱石の採掘・運搬・製鍛と鍛冶生産に

55　孫明助、『韓國古代鉄器文化研究』、진인진, 2012, 187・198ページ。; 蔚山博物館、『開館紀念圖錄(改訂版) 蔚山博物館』、2014, 66ページ。; 車順喆、前揭論文, 146ページ。

56　蔚山博物館, 上揭書, 55ページ。

57　蔚山博物館, 上揭書, 59ページ。

58　蔚山の製鉄關聯遺跡と遺物は、資料が整理されたが、他の地域ではその整理が不十分なので並べて比較するといけないという主張もある。しかし、担保することが難しい将来の発掘成果を想定しながら、現在明らかになった実像を排除する理由はない。

59　白石太一郎、『考古學からみた倭國』、青木書店, 2009, ページ。

60　都出比呂志、『古代國家はいつ成立したか』、岩波書店, 2011, 87ページ。

61　『三國志』卷30, 東夷傳 韓 條.

関連した事実を意味している。[62] これらの推定も樂浪郡と連繋された辰韓における活発な製鉄活動の面々を垣間見させる。実際に「又以供給二郡」とし，「供給」という表現を使用していることが注目される。郡縣から製鉄技術を伝授される代わりに鉄を供給した可能性を提起してくれる。これは「国出鉄韓濊倭皆従取之」とした韓・濊・倭の「取」とは異なっているのだ。つまり、郡縣は辰韓の鉄を買入せず，「供給」される関係だったことを教えてくれる。当時高價な漆器がなんと84點や副葬された王光墓の例から分かるように豪奢な墓を築造した樂浪漢人財力の源を韓半島産金の利權を独占したことに求める場合もある。[63] この見解の通りなら楽浪郡が金・銀・鉄の利權を独占した対象は、辰韓になるしかない。

---

62 鈴木靖民, 前掲書, 86ページ。
63 窪添慶文,「樂浪郡と帶方郡の推移」,『日本古代史講座3』, 學生社, 1981, 48ページ。三上次男は樂浪郡の最盛期である1世紀代の事實に比定しているようだ。

## Ⅳ. 弁辰=製鉄論の帰結点の問題


弁韓の鉄が生産され、また、倭に輸出したという主張は妥当ではなかった。それでも、これらの主張は、現在まで、韓日兩学界で通説を超え、定説として認められてきた。それでは、従来の弁韓の鉄生産という主張は誰が提起して、現在どのような方向に流れて行くのであろうか。いわゆる任那日本府説の端緒になった可能性の探索である。次の記事を見てみよう。


これらの諸国と日本との関係は早くから特殊で、弁辰の鉄・金銀・織物・穀物・財寶(寶珠)其他は倭人の主要な貿易品となり、倭人の武力は、これらの諸国を後援する根拠になった。日本史上のいわゆる任那府とは前にも述べたように、本質的に経済的利益(貿易)を主にしていた一種の公的商館(後日の倭館のようなもの)であったのが、後に次第に政治的ないし軍事的活動を兼ねたのではないかと思う。[64]


---

64  李丙燾,『韓國史 古代篇』, 乙酉文化社, 1959, 403ページ。

李丙燾は「弁辰の鉄・金銀」の買入を通じて設置したのが任那の倭商館であると主張した。これらの倭商館が政治と軍事的性格を帯びるように変化されたというのである。しかし、「弁辰の鉄」ではなく「辰韓の鉄」であれば、倭商館説その自体が成り立たない。次は日本の視点からみた倭と弁辰すなわち加耶に対する認識である。

　　＊ 百済と新羅の間に挟まれた伽耶(加羅)は倭と関係が深く，また重要な資源である鉄の産地であり、伽耶の確保は大和朝廷にとって重要な課題であったのである。[65]

　　＊ 鉄資料源を確保するため早くから加耶と密接な関係をもっていた倭国(ヤマト政権)も、百済・加耶とともに高句麗と戦うこととなった。[66]

　　＊ … "国、鉄を出す。韓、濊、倭みな從ってこれを取る。諸市買うにみな鉄を用い、中国の錢を用いるが如し。「また以て二郡に供給す」と明確に書かれているように、弁辰、す

---

65　山本博文 監修,『一冊で日本史と世界史をのみこむ本』, 東京書籍, 1999, 61ページ。(山本博文 著・李在碩 譯,『교양인을 위한 일본사』, 청어람미디어, 2002, 61ページ。)
66　佐藤信 外,『詳説 日本史研究』, 山川出版社, 2017, 37ページ。

なわち後の加耶地域の鉄資源にたよっていたものと考えざる
をえない。… 初期ヤマト政権の直接の前身である邪馬台国
総合と呼ばれる広域の政治連合の形成の契機が、弁辰、すな
わち加耶の鉄資源の入手ルートの支配権をめぐる争いにあっ
たことは疑いないものと思われる。[67]

　*『三国志』の「魏志東夷伝」弁辰条には、弁辰で鉄がとれ、倭
人もとりに來ると書かれています。五世紀の日本の古墳から
出土する鉄鋌は、加耶のものと形態も似ており、自然科学
的分析の結果、朝鮮半島産のものと判明します。倭人にとっ
て、加耶は重要な鉄資源の補給地だったのであ…[68]

　* 倭国は鉄資源確保のため、加耶地域と密接な関係を持っ
ていました。[69]

　次の引用は、日本史教科書に收錄された内容である。日本学
界の定說や通說を收錄することを原則とした教科書の敍述だ
からこそ、その意味をより深く調べなければならない。

---

67　白石太一郎, 前揭書, 209ページ。211ページ。
68　都出比呂志, 前揭書, 88ページ。
69　西東社編輯部,『圖解 日本史』西東社, 2013, 30ページ。

* 日本列島の人々は、もともと鉄資源を救めて、朝鮮半島南部と交流をもっていだ。そこで、4世紀後半、大和朝廷は海を渡って朝鮮に出兵した。大和朝廷は、半島南部の任那(加羅)という地に拠点を築いたと考えられる。[70]

* 百済は大和朝廷に助けを求めた。日本列島の人々は、もともと、貴重な鉄の資源を救めて半島南部と深い交流をもっていたので、大和朝廷は海を渡って朝鮮に出兵した。そのとき、大和朝廷は，半島南部の任那(加羅)という地に拠点を築いたと考えられる。[71]

* 朝鮮半島の鉄資源を確保するために、早くからかつての弁韓の地の加耶(加羅)諸国と密接な関係をもっていた倭国(ヤマト政權)は、4世紀後半に高句麗が南下策を進めると、百済とともに高句麗と争うことになった。[72]

* 大和朝廷は、4世紀後半に百済との友好関係をはかり、半島の鉄資源や先進技術などを確保するために朝鮮半島に進

---

70 西尾幹二 外,『中學社會: 新しい歴史教科書』, 扶桑社, 2001, 37ページ。
71 藤岡信勝 外,『市販本: 新しい歴史教科書(改訂版)』, 扶桑社, 2005, 32ページ。
72 笹山晴生 外,『詳説 日本史B』, 山川出版社, 2018, 26ページ。

出し、まだ統一のない洛東江下流地域の加羅(任那)に勢力を
のばしたと考えられる。[73]


　* 日本書紀では任那、朝鮮側の呼称では加羅、または伽耶
と総称とされていた。この地域は百済とともに、日本列島の
人々と深い交流があった。任那は鉄の産地であり、大和朝廷
はこの地から鉄を輸入し地方に配分することによって国内統
一を進めたと考えられる。[74]


　* 倭は4世紀には朝鮮半島南部の弁韓地域にあった加耶諸
国と密接な関係をもち、鉄資源を確保した。それは生産技術
を輸入する半島の拠点であり、倭人も集団的に移住していた
と考えられる。[75]


　* 日本の古墳から出土した鉄ののべ板(奈良県出土 宮内庁
書陵部蔵) 伽耶地域は鉄の産地で、日本列島の人々は、ここ
から鉄を輸入していました。[76]

---

73　渡部昇一・小堀桂一郎・國武忠彦,『高等學校 最新日本史』, 明成社, 2018, 22ページ。
74　杉原誠四郎 外,『新版 中學社會: 新しい歴史教科書』, 自由社, 2018, 48ページ。
75　大津透・久留島典子・藤田覺・伊藤之雄,『改訂版 新日本史B』, 山川出版社, 2018, 26
　　ページ。
76　坂上康俊 外,『新編 新しい社會歴史』, 東京書籍, 2018, 37ページ。

倭と加耶の深い関係を結んだ媒体として鉄の存在を指摘した。なぜか加耶を確保しようとした主要要因に鉄を指し示したものである。いわゆる任那日本府説もこのように説明された。ところが、いざ任那日本府説を体系的に整理した末松保和の『任那興亡史』は大和朝廷の任那進出と関連して鉄を取り上げていなかった。これを見たときに弁辰=鉄という李丙燾の論稿が提出された後に、日本でも倭軍の韓半島南部進出の経済的な理由として受け入れたものと判断される。実際、吉田晶によると、4世紀以来、倭は加耶の鉄素材と生産技術の供給を受けたという。[77] さらに彼は、倭が派遣した官僚で構成された機構が任那日本府であると述べた。つまり任那日本府の交易機関説を提起した。これらの見解は、李丙燾の論旨と本質的に大同小異である。[78]

しかし、弁辰つまり加耶ではなく、辰韓が「国出鉄」の主体なら、これらの記述はその趣旨が全く異る話になる。実際、倭が新羅の建国初からしつこく侵攻してきた要因を「後世新羅と日本の間に起こった不断な闘争の重大な原因の一つは、鉄の争奪にあっただろう」[79]と断言もある。「広開土王陵碑文」に見える倭軍の

---

77　吉田晶,「古代國家の形成」,『岩波講座 日本歴史(古代2)』, 岩波書店, 1975, 54~ 57ページ。
78　金泰植,「古代 韓日關係 研究史 - 任那問題를 中心으로」,『韓國古代史研究』27, 2002, 32~33ページ。
79　孫晉泰,『朝鮮民族史概論(上)』, 乙酉文化社, 1948, 78ページ。

新羅侵攻も、これらの線上で解析することが一部可能になる。
結局,「国出鉄」の主体を辰韓すなわち新羅として捉えることが妥
当であれば、これまで構築してきた韓日古代史像の一角は、新
たに組まなければならない。だからこの句節の主体の把握は重
要な関鍵だった。

# Ⅴ。おわりに

　従来，『三国志』魏書東夷伝韓條に記録された「国出鉄 韓・濊・倭 皆從取之 諸市買皆用鉄 如中国用錢 又以供給二郡」という記事は、弁辰すなわち弁韓に結び付けられてきた。韓国の国史編纂委員會刊行『中国正史 朝鮮伝』もこのように看做した。そこで、すべての教科書は、鉄の王国=弁韓=加耶という認識を設定することになった。三国に囲まれ、もともと存在感の弱い加耶を浮き彫りにする素材としては、これほど都合のいい史料はなかった。この記事を積極的に弘報した結果、一つの固定されたイメージで固まった。

　しかし、これは事実ではなかった。『三国志』魏書東夷伝韓條の製鉄関連の記事は内容を分析すると，「国出鉄」は辰韓に該当された。実際、中国の後續文献である『後漢書』や『通典』によっても、両方ともに辰韓と関連づけていた。朝鮮後期の實学者たちも辰韓と結び付けて解釈した。これらの点は、20世紀研究者の認識に先立って尊重すべきことの一部であったにもかかわらず、ほとんど見過ごされてしまった。これに関連する重要な事実は、3世紀中半以前の時期の大規模な鉄場が金海一帯で確認さ

れていない点である。一方、蔚山の達川鉄場の使用時期は、「紀元前1世紀中葉以前から紀元後3世紀まで」なので『三国志』の成立の下限とも符合する。さらに、ここは流通に有利な良港を備えている。そして中国郡縣や倭と関係する遺物も出土した。この事實は達川鉄鉱の鉄を馬韓・濊・倭だけでなく、樂浪郡や帶方郡に輸出した事実とも正確に符合する。したがって、ほとんど固定觀念化された「鉄の王国の加耶」論は、じっくり見直しする必要がある。

　　ただし、金官加耶すなわち狗邪国は鉄の活発な消費處だったので須奈羅・素奈羅・金官・金海等のような名前が付けられたものであるだろう。金海地域で外來遺物の密集度の高い現象をこのように説明することができる。『三国志』に書かれているように金海狗邪国は優秀な寄港地であった。對外交易の中心地が金海という、これまでの研究成果ともこれは背馳されなかった。したがって金海地域は鉄の流通處にすることはできる。しかし、蔚山鉄場では中国と日本の遺物が出土した。良港を備えている蔚山は、鉄交易が直接行われた。一方、金海鉄場では、対外貿易関連遺物が見つからなかった。鉄産地で外來遺物が出土した蔚山とはこの点で明らかに区別された。要するに「国出鉄」は外來人の産地のアクセスと直輸事実を指している證左だった。金海を通じた鉄の交易の可能性もあるが、これはあくまでも推

測に過ぎない。これとは異なり直交易の明確な証拠が蔚山で確認されたからである。そのとき「国出鉄」は金海より蔚山を指す指標としてはるかに有効である。

李丙燾の創案である任那日本府が商館で始まったという説は弁辰=「国出鉄」に基づいていた。これらの主張は、日本の研究者に影響を及ぼした。そこで日本の高等学校教科書で倭の大和朝廷が鉄と先進技術と技術奴隷の確保のために韓半島南部に進出したという叙述が登場する。ここで倭が確保しようとしていた製鉄産地は狗邪国を指す。倭の製鉄産地確保の欲求が任那日本府説に發現されたかのように説明されることもあった。『三国志』魏書東夷伝韓條の製鉄関連記事の主体を弁韓と指摘した誤謬はとんでもない根拠に擴大・再生産された。これらの点からも史料の細かい分析という實證の重要性が再三に覚えられる。結局、今まで構築されてきた韓日古代史像の一角は、新たに組まなければならないようだ。

# <參考文献>

## 史料

『三国史記』『三国遺事』『星湖僿說』『東史綱目』『三国志』『後漢書』『太平寰宇記』『冊府元龜』『通典』『翰苑』

## 著書

国立中央博物館,『쇠·철·강—철의 문화사』, 2017.

国史編纂委員會·1種圖書研究開發委員會,『高等学校 国史』, 国定教科書株式會社, 1979.

国史編纂委員會,『中国正史朝鮮伝 譯註1』, 探究堂, 1987.

国史編纂委員會·1種圖書研究 開發委員會,『高等学校 国史』, 教育人的資源部, 2002.

權丙卓,『韓国産業史研究』, 嶺南大学校出版部, 2004.

金廷鶴,『韓国上古史研究』, 범우사, 1990.

大津透·久留島典子·藤田覺·伊藤之雄,『改訂版 新日本史B』, 山川出版社, 2018.

도면회 外,『高等学校 韓国史』, 비상교육, 2015.

渡部昇一·小堀桂一郎·国武忠彦,『高等学校 最新日本史』, 明成社, 2018.

都出比呂志,『古代国家はいつ成立したか』, 岩波書店, 2011.

藤岡信勝 外,『市販本: 新しい歴史教科書(改訂版)』, 扶桑社, 2005.

末松保和,『任那興亡史』, 吉川弘文館, 1956.

文暻鉉,『新羅史研究』, 慶北大学校出版部, 1983.

山本博文 監修,『一冊で日本史と世界史をのみこむ本』, 東京書籍, 1999. (山本博文 著・李在碩 譯,『교양인을 위한 일본사』, 청어람미디어, 2002.)

杉原誠四郎 外,『新版 中学社會: 新しい歴史教科書』, 自由社, 2018.

西東社編輯部,『圖解 日本史』, 西東社, 2013.

笹山晴生 外,『詳說 日本史B』, 山川出版社, 2018.

손영종 外,『조선통사(상) 개정판』, 사회과학출판사, 2009.

孫晉泰,『朝鮮民族史槪論(上)』, 乙酉文化社, 1948.

蔚山文化財研究院,『蔚山 達川遺跡 1次 發掘調査』, 2008.

蔚山文化財研究院,『蔚山 達川遺跡 3次 發掘調査』, 2010.

鈴木靖民,『倭国史の展開と東アジア』, 岩波書店, 2012.

蔚山博物館,『開館紀念圖錄(改訂版) 蔚山博物館』, 2014.

왕현종 外,『高等学校 韓国史』, 동아출판사, 2015.

李基白,『韓国史新論』, 一潮閣, 1994.

李丙燾,『韓国史 古代篇』, 乙酉文化社, 1959.

이현구 外,『韓国의 鉱床』, 아카넷, 2007.

林泰輔,『朝鮮史』卷1, 吉川半七藏, 1892.

佐藤信 外,『改訂版 詳說 日本史研究』, 山川出版社, 2008.

佐藤信 外,『詳說 日本史研究』, 山川出版社, 2017.

白石太一郎,『考古学からみた倭国』, 靑木書店, 2009.

㈳韓国文化財調査機関協會,『韓国 出土 外來遺物(2)』, 2011.

孫明助,『韓国古代鉄器文化研究』, 진인진, 2012.

朝鮮總督府,『朝鮮史』第一編第三卷 別錄, 朝鮮印刷株式會社, 1933.

片茂鎭 外,『조선사 번역 · 해제』, 인문사, 2013.

坂上康俊 外,『新編 新しい社會歷史』, 東京書籍, 2018.

韓国文化財保護財團 · 韓国土地住宅公社,『金海 本山里 · 餘來里遺跡
    Ⅰ』2014.

韓国文化財保護財團 · 韓国土地住宅公社,『金海 本山里 · 餘來里遺跡
    Ⅱ』2014.


論文

김권일,「蔚山地域의 製鉄文化」,『蔚山鉄文化』, 蔚山博物館, 2013.

김상민,「韓半島 鉄器文化의 登場과 發展 過程」,『쇠 · 철 · 강—철의 문
    화사』, 国立中央博物館, 2017.

金泰植,「古代 韓日関係 研究史--任那問題를 中心으로」,『韓国古代史
    研究』27, 2002.

吉田晶,「古代国家の形成」,『岩波講座 日本歷史(古代2)』, 岩波書店,
    1975.

남경문,「김해시, 제철유적 조사 착수 … 가야 ‘철의 왕국’ 입증」,

『News1』2016.10.13.

宋令昊, 「『通典』「邊防門」東夷篇의 구조 및 찬술 목적」, 『史林』 57, 2016.

窪添慶文, 「樂浪郡と帶方郡の推移」, 『日本古代史講座3』, 学生社, 1981.

이종호, 「게르만 민족 대이동을 촉발시킨 훈족과 韓民族의 親緣性에 관한 연구」, 『白山学報』 66, 2003.

李在賢, 「新羅의 編頭習俗과 그 意義」, 『新羅文化遺産研究』 創刊号, 2017.

林炳泰, 「部族 移動과 鉄器 文化의 普及」, 『韓国史 2: 古代－古代民族의 成長』, 国史編纂委員會, 1984.

車順喆, 「慶州·蔚山地域 三国時代 鉄生産遺跡과 白炭窯 分布現況 檢討」, 『第12回 韓国鉄文化研究會·翰林考古学研究所 学術세미나』, 韓国鉄文化研究會·翰林考古学研究所, 2018.

# 谷那鐵山과 百濟

## Ⅰ. 머리말

전라남도 곡성谷城은 내륙 오지奧地에 소재한 곳인 관계로 백제의 성장과 관련해 별반 주목을 받지는 못하였다. 그런데 곡성谷城 석곡면 석곡리石谷里와 방송리芳松里에서 금제金製 이식耳飾이 각각 1점씩 모두 2개가 출토된 바 있다.[1] 석곡면은 역시 금제 이식이 출토된 방송리가 소재한 지역과 접하였다.

이러한 점에 비추어 볼 때 2개의 금제 이식은 비록 지금의 행정 구역은 다르지만 동계同系 고분군에서 출토되었을 수 있다. 물론 그렇지 않다고 하더라도 백제 때 곡성의 통치 거점과 연계된 고분군임은 분명하다. 더욱이 이 2개의 이식耳飾은 사슬형으로서 서울 석촌동에서 출토된 금제 이식과 계통상 동일한 것으로 분류되고 있다.[2] 이러한 사실은 비슷한 시점에, 동일한 계통의 금제 이식이라는 위세품을 착용한 인물군人物群이 백제의 왕도인 한성漢城 지역과 곡성 지역에 함께

---

1 이러한 금제 耳飾의 출토지는 다음에서 각각 밝혀 놓았다.
　李漢祥, 「百濟 耳飾에 대한 基礎的 硏究」, 『湖西史學』 3, 2000, 31쪽, 註 27.
　국립부여박물관, 『백제의 숨결 금빛 예술혼 금속공예』, 2008, 104쪽.
2 특히 곡성 석곡리 출토 耳飾에 관해 "이는 주환-연결환-쇠사슬형 중간식-심엽형 수하식으로된 전형적인 한성기 백제 이식으로서, 석촌동 4호분 주변 출토품과 크기만 약간 다를 뿐 혹사하다(성정용, 「大伽倻와 百濟」, 『大加耶와 周邊諸國』, 학술문화사, 2002, 114쪽)라고 했다.

존재했음을 뜻할 수 있다. 그렇다면 곡성 지역은 백제 한성 도읍기에 어떤 형태로든 중앙과 관련을 맺고 있었다고 보아야 한다. 비록 공간적으로는 원거리遠距離이지만 곡성 지역은 한성과 긴밀한 관련을 지녔음을 뜻하는 징표로 받아들일 수는 없을까?[3]

바로 이 점을 탐색하는 과정에서 369년에 백제 근초고왕의 군대는 고해진古奚津 즉 지금의 전라남도 강진康津 일대까지 진출하였고, 서남 해변의 해남 지역인 침미다례忱彌多禮를 도륙屠戮한 바를 주목하였다. 4세기 후반 이 같은 백제의 운동 공간을 놓고 볼 때 곡성 지역도 가시권可視圈을 넘어 접촉 지역이었을 가능성 때문이었다. 이와 더불어 동일한 근초고왕과 연계된 칠지도七支刀의 산지産地로 유력하게 추정되는 谷那鐵山 후보지 가운데 한 곳이 곡성 지역이다.

요컨대 이러한 자료와 가능성을 놓고 한성 도읍기 백제와 곡성 지역간의 관계를 고찰하고자 한다. 이와 관련해 谷那鐵山地로 유력하게 비정되었던 황해도 곡산谷山을 비롯한 북방 지역 비정설에 대한 엄중한 검증을 시도했다. 谷那 지리地理 비정比定이 타당하지 않다면 한성 도읍기 백제와 곡성谷城과의 관련성은 무의미해지기 때문이다. 나아가 谷那鐵山 제철製鐵의 운송로運送路인 섬진강 수계水系에 대한 지배권과 관련해 백제와 대가야의 갈등, 그리고 왜倭의 개입介入 과정過程

---

3　곡성 석곡리 출토 금제 耳飾과 관련해 여러 가지 가능성 가운데 하나로서 "이는 4세기 후엽~5세기 전엽 무렵 백제가 전남 동부 지역에 일시적인 영향력을 미친 산물이거나"(성정용, 위의 논문, 119쪽)라고 한 언급은 귀중한 착목이라고 본다.

과 그 배경을 고찰하고자 했다.

# II. 백제의 곡성 지역 진출 물증 — 금제 이식

## 1. 근초고왕 南征의 지배 공간

369년에 근초고왕 남정시南征時의 정복지征服地에 대한 환기가 필요할 것 같다. 『일본서기』 신공 49년 조에는 백제의 마한 경략 기사가 다음과 같이 적혀 있다.

…… 그리고 比自烌 · 南加羅 · 㖨國 · 安羅 · 多羅 · 卓淳 · 加羅의 7國을 평정하였다. 이에 군대를 옮겨 서쪽으로 돌아 古奚津에 이르러 南蠻의 忱彌多禮를 屠戮하여 백제에 내려주었다. 이에 그 왕인 肖古 및 왕자 貴須 역시 군대를 이끌고 와서 모였다. 그 때 比利 · 辟中 · 布彌 · 支半 · 古四와 같은 읍락이 자연 항복하였다 (比利辟中布彌支半古四邑自然降服). 이에 백제왕 父子 및 荒田別 · 木羅斤資 등이 함께 意流村[지금의 州流須祇를 말한다]에서 만나 서로 기쁨을 나누었다. 禮를 두텁게 하여 보냈다. 오직 千熊長彥이 백제왕과 함께 백제국에 이르러 辟支山에 올라 맹세하였다. 다시 古沙山에 올랐다. ……

위와 같은 백제의 마한경략 기사와 관련해 선행되어야 할 문제는 백제에 복속되었다는 지명에 대한 비정이다. 즉 "比利辟中布彌支半古

四邑自然降服"라는 구절의 지명을 종전에는 '比利·辟中·布彌支·半古'의 4읍론으로 끊어 읽었다. 그러한 입론은 "……不彌·支半·狗素는 日本學者 故 內等虎次郎氏의 說(見前)에 좇아 不彌支·半狗의 二國으로 볼 것이니, 布彌支(不彌支)는 今羅州邑, 半古(半狗)는 同郡 潘南面 一帶의 地로 比定되며(見上)……"[4]라는 것이다. 이는 뒤의 '四邑'이라는 문자를 의식한 끊어 읽기였다. 그 결과 이들 지명은 지금의 전라남도 지역을 포함하는 구간으로 비정되어 왔다.[5]

이 견해를 뒷받침하는 최근의 주장으로는 마한 잔여 세력이 369년 이후에도 존속했다면 「광개토왕릉비문」에 '任那加羅'처럼 그 존재가 보이지 않을 리 없다는 데 있다.[6] 그런데 「광개토왕릉비문」에서 '任那加羅'가 등장한 이유는 고구려군이 추격하는 왜군의 퇴각로였기 때문이다. 백제 남부에 소재한 영산강유역의 마한은 고구려군과 부딪칠 소지가 없었다. 때문에 영산강유역에 대한 기록이 남겨질 수 없었던 것이다. 따라서 「광개토왕릉비문」의 거명擧名 여부가 마한의 존재를 결정해 주는 잣대가 될 수는 없다. 그리고 이러한 주장에는 분명히 간과한 부분이 있다. 영산강유역 거대 고분의 성장이 백제의 南征이 있던 4세기 후반 이후에도 지속되어 6세기 전반까지 이어졌다는 사실이다. 말할 나위 없이 백제 영향권 밖 강대한 이곳 독자 세력의 존재를

4 李丙燾, 『韓國史 古代篇』, 乙酉文化社, 1959. 360쪽.
5 李丙燾, 『韓國古代史研究』, 博英社, 1976, 512~513쪽.
6 노중국, 「백제의 영토 확장에 대한 몇 가지 검토」, 『근초고왕 때 백제 영토는 어디까지였나』, 한성백제박물관, 2013, 15쪽.

**그림 2-1**「광개토왕릉비문」의 '任那加羅' 구절.

가야는 鐵의 왕국인가? ―가야·신라·백제의 鐵

반증해준다.

　노중국의 주장과는 달리 「광개토왕릉비문」 수묘인 연호 조를 통해 영산강유역 세력의 존재가 드러난다. 즉 '豆比鴨岑韓 · 求底韓 · 舍蔦城韓穢 · 客賢韓 · 巴奴城韓 · 百殘南居韓'이라는 구절이다. 이 구절을 통해 '한韓'과 '한예韓穢'라는 종족의 존재를 상정할 수 있다. 이렇듯 지명地名 말미末尾에 종족명種族名이 부여된 경우는 고구려가 영토로 지배하지 못한 약취掠取해 온 특정 지역 주민 자체를 가리킨다.[7]

　이러한 지명地名은 수묘인 연호의 출신지를 가리킬 뿐이다. 여기서 '百殘南居韓'이 문면文面대로 백제 영역 남쪽의 '한韓'을 가리킨다고 하자. 그렇다면 수묘인 연호 조의 '한韓'과 '예穢'는 당시 백제 영역 밖의 영향권내 수묘인 연호들의 출신지를 가리킨다. 즉 충청북도 지역에 소재한 '예穢'를 비롯하여 백제 주변부에 거주하는 '한韓'의 존재를 상정하는 게 가능하다. 이 같은 수묘인 연호를 보면 외형상 고구려의 영향력이 백제 영역 바깥까지 미친 게 된다. 여기서 분명한 사실은 '百殘南居韓'을 통해 백제와 구분되는 또 다른 '한韓'의 존재를 상정할 수 있다. 물론 백제 주민들도 기본적으로 한인韓人이었다. 그런데 「광개토왕릉비문」의 '한韓'은 백제 성城 · 촌체제村體制 바깥의 세력을 가리킨다. 특히 백제 남쪽의 한韓을 가리키는 '百殘南居韓'은 당시 백제 남계南界와 관련 지어 살필 수밖에 없다. 369년에 근초고왕이 남정을 단행

---

7　李道學, 『고구려 광개토왕릉비문 연구』, 서경문화사, 2006, 279쪽.

하여 확정한 남계南界는 노령산맥이었다.[8] 이후 영락永樂 6년인 396년까지 백제 남방南方 경역境域이 확대되었다는 명증明證은 없다. 그런 만큼 '百殘南居韓'의 '百殘南' 즉 '백제 남쪽'은, 명백히 노령산맥 이남인 영산강유역을 지칭한다. 그렇지 않다면 백제 영역 남쪽에 공간적으로 달리 비정할 만한 세력은 없다.[9] 이로써도 영산강유역 세력은 396년에도 백제에 복속되지 않았음이 반증된다. 그 밖에 다음과 같은 『통전通典』의 기사를 거론하고 있다.

▶ 진 이후로부터 諸國을 呑幷하여 馬韓故地에 웅거하였다 (『通典』권185, 백제 조).

▶ 晉 武帝 咸寧 中(275~279)에 馬韓王이 來朝하였다. 이로부터는 들은 바가 없었다. 삼한이 대개 백제·신라에 呑幷되어서였다 (『通典』권185, 변진 조).

그러나 위의 기사는 3세기대 후반 이후 마한제국의 대중국對中國 교섭이 단절되었음을 뜻하는 징표일 뿐이다. 이것을 백제의 영산강유역 마한 복속과 등치等値시켜 해석하기는 어렵다. 백제는 369년에 침미다례를 궤멸시킨 직후에 강진(고해진)·고흥·곡성(谷那)을 비롯한 섬

8  李道學, 『백제고대국가연구』, 일지사, 1995, 143~146쪽.
9  李道學, 「「廣開土王陵碑文」에 보이는 '南方'」, 『영남학』 24, 2013, 7~39쪽.

진강 하구에 대한 거점 지배를 완료하였다.[10] 이로 인해 나주 세력의 대중국對中國 교류는 차단되었겠지만 고고물증을 놓고 볼 때 임나任那 나 왜倭와는 꾸준히 교류했음을 알 수 있다. 전지 태자가 왜국에서 귀 국하는 길에 국계國界에서 한성인漢城人 해충解忠이 고告하자 해도海島 에 의존할 수 있었다.[11] 이 것도 백제가 일찍부터 강진이나 고흥반도 와 같은 도서島嶼 지역을 장악했기에 가능한 일이라고 본다. 이로 인 해 영산강유역의 마한 세력은 대중국 교섭이 차단당한 것으로 볼 수 있다. 다만 여러 경로를 통해 이곳과 임나와 왜倭와의 교류는 이루어 졌던 것이다.

369년에 백제가 점령한 대상을 '국國'이 아니라 '읍邑'으로 표기했다 는 점을 들어 소국의 존재를 부정하기도 한다. 이에 대해서는 앞의 논 지와는 다른 각도에서 반박을 할 수 있다. 즉 "그런 까닭에 위만이 병 위兵威와 재물財物을 얻어 그 곁의 소읍小邑들을 침략하여 항복받았다. 진번과 임둔도 모두 와서 내속內屬하니 사방이 수천 리가 되었다"[12]는 기사에 '소읍小邑'이 보인다. 그런데『설문해자說文解字』'읍부邑部'에서 "邑, 國也"라고 하였다. 이처럼 '읍邑'과 '국國'의 호훈互訓·호용互用 예 例는『상서尚書』·『좌전左傳』등 선진시대先秦時代 문헌의 도처에서 산 견散見되고 있다. 한편『이아爾雅』'석지釋地'에는 "邑外謂之郊 郊外謂之

---

10  李道學,「谷那鐵山과 百濟」,『東아시아古代學』25, 2011, 90~92쪽.
11 『三國史記』권25, 전지왕 즉위년 조.
12 『史記』권115, 조선전. "以故滿得兵威財物侵降其旁小邑 眞番·臨屯皆來服屬 方數千 里"

野 野外謂之林 …"라고 하여 '읍론'을 방인邦人이 취거聚居하는 지방地方
의 의미로 설명하고 있다. … 따라서 본문 중의 '소읍小론'도 단순히 대
읍大론 · 소읍小론의 대 ·소 大小 취락지라기 보다는, 정복국가적 성격을
갖는 위만조선에게 복속당하는 국가단계 이전의 사회로 파악하는 것
도 가능할 것이다.[13] 이렇듯 국國과 읍론은 상호 통용됨을 알려준다.
따라서 신공 49년 조의 '읍론' 역시 소국의 존재를 부정하는 근거로 삼
기는 어렵다.

이와 더불어 고구려 중심의 천하관이 응결된 「광개토왕릉비문」
을 상기해 본다. 이에 의하면 고구려왕만 '태왕太王' 즉 '왕王'이고 백제
나 신라 등의 국왕은 '왕王'으로 일컫지도 않았다. 그리고 고구려 중심
의 관적질서官的秩序에서는 백제나 신라 등은 국가로 간주되지도 않았
다.[14] 고구려의 입장에서 볼 때 '속민屬民' 간주되었던 백제와 신라는
어디까지나 고구려의 지방세력에 불과했던 것이다. 이와 마찬 가지로
백제가 점령지를 '읍론'이라고 일컫는 데는 이유가 있었을 것이다. 침
미다례 공격에서 등장하는 '남만南蠻'이라는 비칭卑稱에서 보듯이 백제
중심의 천하관이 성립되어 있었다.[15] 그러한 선상에서 이들 소국을 단
순히 백제의 행정 체계 속에 편제 대상으로서의 의미를 지닌 '론'으로
일컬을 수 있다는 것이다. 실제 539년 무렵에 제작된 「양직공도梁職貢

---

13  국사편찬위원회, 『中國正史 朝鮮傳 譯註 1』, 신서원, 2004, 33~34쪽.
14  李道學, 「廣開土王代 南方 政策과 韓半島 諸國 및 倭의 動向」, 『한국고대사연구』 67,
    2012, 168~169쪽.
15  李道學, 『백제고대국가연구』, 일지사, 1995, 244~245쪽.

圖」백제국사百濟國使 조條에 보면 백제에 부용한 9개국을 '百濟旁小國'
이라고 하였다. 즉 '국國'으로 인정한 것이다. 그 9개 소국 가운데 일부
가 전라남도 지역으로 비정되고 있다. 가령 '止迷'는『신찬성씨록』하
내국황별河內國皇別 조條에 보면 백제에 파견된 왜장이 '止美'의 오녀吳
女를 취한 기사가 있다. 지미止迷는 곧 이 '止美'로 보인다. 더욱이 '지
미'는 '百濟旁小國'의 경우 폄훼된 국명을 사용한 사례와도 연결되기
때문이다. '지미'는 369년에 백제 근초고왕이 경략한 침미다례忱彌多禮
의 '침미'와 음이 닮았다. 그렇다고 한다면 지미는 전라남도 해남으로
비정된다. '上己文'은 전라북도 임실 일대로 비정되고 있다. '下枕羅'는
전라남도 강진으로 지목하기도 한다.[16] 요컨대 6세기 전반에도 영산
강유역 마한 세력의 운동력이 포착되는 것이다. 따라서 369년의 시점
에 백제가 영산강유역을 영역화했다는 주장은 성립이 어려워진다.

　물론 신공神功 49년 조 남정南征 기사와 관련해 '古四'의 '四'가 숫자
를 가리킨다. 그러므로 바로 뒤에 바로 붙어 있는 '邑'과의 연관성을
쉽게 버리지 못하는 경향도 있다. 즉 '四邑'에 대한 미련이 보인다. 그
러나 '古四'가 현재의 전라북도 고부古阜 지역을 가리키는 지명임은 부
인할 수 없다. 왜냐하면『삼국사기』도독부都督府 13현縣 조條에 보면
"古四州는 본래 古沙夫里로서"[17]라고 하여 고부古阜 지역을 분명히 '古

---

16　李道學,「『梁職貢圖』의 百濟 使臣圖와 題記」,『백제 한성·웅진성시대 연구』, 일지사,
　　2010. 464~465쪽. 이용현도 '양직공도'에 보이는 止迷와 麻連을 영산강유역과 관련
　　깊다고 보았다(이용현,『가야제국과 동아시아』, 통천문화사, 2007, 184쪽).
17　『三國史記』권37, 地理 4, 古阜郡 條.

四'라고 표기하였기 때문이다. 즉 고사古四와 고사부리古沙夫里는 동일 지명임을 알 수 있다. 그리고 '四邑'을 의식한 지명 띄어 읽기가 많지만 동일한 사례로서 『일본서기』의 다음 기사를 유의해야 한다.

> 그리고 신라에 가서 蹈鞴津에 머무르며 草羅城을 빼앗고 돌아왔다. 이때 포로들이 지금의 桑原·佐糜·高宮·忍海 무릇 四邑 漢人 등의 시조이다(乃詣新羅 次于蹈鞴津 拔草羅城還之 是時俘人等 今桑原·佐糜·高宮·忍海 凡四邑漢人等之始祖也).[18]

위의 기사에 보이는 지명이나 신공 49년 조의 지명은 모두 점령한 지역과 관련해 등장한다는 일치점이 있다. 그런데 신공 49년 조 지명地名 말미의 '四邑'이 4개 읍邑을 가리킨다고 하자. 그러려면 이와 마찬가지로 '凡四邑'으로 표기했어야 마땅하다. 더구나 '古四'는 古沙와 동일하게 독립된 지명으로 등장하고 있다. 따라서 신공 49년 조의 지명들을 '四邑'에 한정시킨 해석은 적합하지 않다.

지금까지 살펴 본 바에 따르면 종전의 띄어읽기에 문제가 제기되었다. 이에 대한 대안代案으로 比利와 辟中에 이은 '布彌支半古四邑'을 '布彌·支半·古四'로 끊어 읽는 새로운 독법讀法이 제기되었다. 그렇게 한다면 이들 지명은 『삼국지』한 조에 보이는 마한제국인 '不彌國·

---

18 『日本書紀』권9, 神功 5년 조.

支半國·狗素國'과도 잘 연결된다.[19] 따라서 이러한 끊어 읽기의 타당성이 드러난다. 동시에 비리比利는 보안保安, 벽중辟中은 김제金堤, 포미布彌는 정읍井邑, 지반支半은 부안扶安, 고사古四는 고부古阜로 새롭게 비정할 수 있다. 게다가 근초고왕 부자가 왜장倭將과 회동하여 기쁨을 나누었다는 의류촌은 일명 '州流須祇'라고 하므로 주류성周留城을 가리킨다. 주류성은 전라북도 부안으로 비정한 견해와도 무리가 없다.

이러한 비정은 근초고왕 부자와 왜장倭將이 맹약했다고 하는 벽지산과 고사산이 辟中(전라북도 김제)과 古四(전라북도 고부)로 각각 비정되는 데서도 뒷받침된다. 따라서 『일본서기』 신공 49년 조에 보이는 백제의 마한경략은 고해진古奚津만 전라남도 강진에 비정될 뿐 나머지는 모두 금강 이남부터 노령산맥 이북 지역에 해당되고 있다.[20] 즉 369년 '마한경략' 이전 백제의 남쪽 경계는 금강이었다. 금강을 남계로 하는 백제의 영역은 『삼국사기』 시조왕 13년 조에서 웅천(금강)을 남계南界로 하는 영역 기사와 연결이 된다.[21]

---

19  全榮來, 『周留城·白江位置比定에 관한 新研究』, 扶安郡, 1976, 46~56쪽. 全榮來의 견해는 千寬宇가 "… 全榮來씨의 견해와 같이(『周留城·白江 位置比定에 관한 新研究』, 單行冊子, 1976), 『日本書紀』를 도리어, 『三國志』를 따라 '比利辟中布彌支半古四' 邑으로 읽는 것이 도리어 순리가 아닐까(千寬宇, 「馬韓諸國의 位置試論」, 『東洋學』 9, 1979; 『고조선사·삼한사연구』, 일조각, 1999, 393쪽)"한다고 했다. 그러므로 神功 49년 조의 점령지에 대한 새로운 讀法은 全榮來의 創案임을 알 수 있다.

20  이병도는 369년 南征 이전 백제 영역을 노령산맥 이북으로 간주했다(이병도, 앞의 책, 513쪽).

21  李道學, 앞의 책, 140~141쪽. 백제가 노령산맥 이남 즉 영산강 유역을 영토적으로 직접 장악한 시기는 5세기 말로 간주한다(李道學, 「百濟의 交易網과 그 體系의 變遷」, 『韓國學報』 63, 1991, 77~78쪽).

과거에는 369년이라는 시점을 백제에 의한 마한통합으로 간주하였다. 그러나 고고학적으로 볼 때 이 지역에 석실분石室墳이 조성되는 5세기 말경 이전에는 백제가 영산강유역을 직접 지배한 혼적은 확인되지 않는다. 백제 영역 밖 영산강유역 세력의 성장은 독보적인 옹관묘 문화를 통해서 읽을 수 있었다. 그 정점이 금동관金銅冠·금동신발金銅飾履·단봉문單鳳文 환두대도環頭大刀가 부장된 나주 반남면 신촌리 9호분이었다. 때문에 신촌리 9호분 피장자의 성격에 대해서는 논의가 많았다. 신촌리 고분에서 출토된 가야나 왜계 유물의 존재는 이들 세력과 연계된 독자적인 행보行步를 시사해주었다. 이와 더불어 신분의 지표인 동시에 정치적 계통을 암시해주는 위신재인 금동관과 환두대도가 중요한 준거準據였다. 이들 신촌리 9호분 부장 위신재는 백제보다는 대가야적인 요소가 많은 것으로 밝혀졌다. 게다가 신촌리 9호분에서는 사여품賜與品의 지표인 중국제 도자陶瓷나 금은제金銀製 귀고리도 부장되지 않았다. 더불어 신촌리 9호분 금동관 편년을 웅진성 도읍기로 지목한 견해도 취신하기 어려웠다. 웅진성 도읍기나 그 이후에는 왕도王都 뿐 아니라 지방 그 어디에도 금동관모는 더 이상 착장하지 않았기 때문이다. 따라서 나주 반남면 신촌리 9호분 금동관의 제작 주체는 백제가 될 수 없었다. 영산강유역 세력의 운동력이 가장 활발했을 때의 산물이었다. 신촌리 9호분 금동관은 백제와 구분되는

**그림 2-2** 나주 반남면 신촌리 9호분 출토 금동관.

또 다른 세계, 마한馬韓의 존재를 확인시켜주는 징표였다.[22]

백제는 369년에 대외교역항對外交易港인 고해진(강진)을 직접 장악한 이후 영산강유역 재래의 읍락단위 질서를 유지維持시키는 선線에서 멈췄다. 이 같은 추정은 백제가 전라남도 해변의 고해진을 장악했음에도 불구하고, 실제 영토로 편입시킨 지역은 부안·김제·정읍·고부 일원에 국한되고 있는 만큼, 정확히 노령산맥선까지의 영역 확대에 그친 데 근거한다.[23]

백제가 노령산맥을 영역의 분기점으로 설정하였음은 몇 가지 점에서 뒷받침되어진다. 첫째 "근초고왕의 마한 점령지 가운데 가장 뒤에 적혀 있거니와 그 남한계南限界가 되는 고사古四 즉 古阜는, 후대의 영역개척이 투영되어 있는 『삼국사기』 시조왕기 가운데 영역개척의 하한선인 "古沙夫里城을 쌓았다"는 기사와 연결되고 있다. 게다가 『한원翰苑』 백제전에서 '國鑛馬韓 地苞狗素'라고 한 구소狗素는, 마한의 구소국狗素國으로서 고사古四가 되는데[24] 백제 영역의 분기점이 되는 지

---

22 李道學, 「나주 반남면 신촌리 9호분 금동관의 제작 주체」, 『나주 신촌리 금동관의 재조명 국제학술대회』 국립나주박물관, 2017. 11, 17, 185쪽.

23 이때 백제가 점령한 전라남도 해남이나 강진, 그리고 곡성 및 고흥과 같은 거점 지배는 이와는 성격이 다르다.

24 "사비시대 백제의 중앙의식과 관련있을 中方城이 고부였음은, 이 지역이 역사적으로 노령산맥 남북을 이어주는 즉 교량적 역할과 더불어 정치적으로도 분기점이 되는 지역임을 감안한 데서 비롯된 것이 아닐까 한다(李道學, 앞의 책, 1995, 143쪽 註 310)." 이러한 서술은 최근에도 "고사 지역은 『삼국지』 동이전 한조에 보이는 狗素國에 해당한다(註 74, 千寬宇, 앞의 논문, 1979, 215~216쪽). 그런데 『翰苑』에 의하면 "國鑛馬韓 地苞狗素"라 하여 마한을 진압하는데, 구소국을 특별히 언급하고 있다. 그 註에서도 '馬韓有羊皮國 狗素(國)有也'라 하여 羊皮國과 함께 구소국을 지칭하고 있는 것이다. 이를 보면 고사 지역이 백제의 마한 정벌에 커다란 분기점이 되었음을 짐작할 수 있다. 이는 고사 지역이 백제의 方 - 郡 - 城 체제에 中方이 되어 중심 역할을 하였던

역임을 암시해주고 있다." 둘째 백제 토기 가운데 9.6%를 점하는 중요 기종器種인 삼족토기三足土器가 노령산맥 이남을 넘지 못한데서도 가늠된다. 물론 삼족토기三足土器는 노령산맥 남록南麓인 장성長城과 영광靈光에서도 출토된 적이 있다. 그러나 경향성을 놓고 볼 때 무시해도 좋을 것 같다. 노령산맥 기슭인 고창군 아산면 운곡리의 백제 요지에서는 삼족토기 생산까지 밝혀졌다. 그럼에도 불구하고 그 이남 지역에서는 삼족토기가 확산되지 않았기 때문이다.[25]

백제 군대가 소위 가야7국을 평정한 후 서진西進하여 일대 회전會戰을 준비했던 곳이 지금의 전라남도 강진을 가리키는 고해진이었다. 고해진에서 전열을 정비한 백제군은 침미다례를 공격하였다. 이때의 전쟁 수행을 '屠'라고 했다. 이는 백제가 침미다례에 대한 무자비한 공격을 단행했음을 뜻한다. 영산강유역의 영도세력領導勢力이었던 해남의 침미다례를 거의 해체시킬 정도로 짓밟게 되자 比利·辟中을 비롯한 노령산맥 이북의 제국諸國들이 일제히 항복했다. 즉 금강 이남 노령산맥 이북의 지역연맹체가 마한 남단을 휩쓴 백제군의 위세에 눌려 항복한 것이다. 이 사실은 고해진을 거점으로 한 백제의 침미다례 공격이 지닌 정치적 의미와 파장이 지대했음을 뜻한다. 백제군이 침미다례를 공격하기 위한 전초기지로 고해진을 잡은 것은 왜군의 합

---

점에서도 확인된다(정재윤, 「문헌 자료로 본 比利辟中布彌支半古四邑」, 『百濟學報』9, 2013, 128~129쪽)"라고 하여 동일하게 보인다.
25  李道學, 앞의 책, 1995, 143~146쪽.

류 지점으로서 상륙 문제와도 관련 있었을 것이다. 그러나 백제의 고해진 장악은 마한의 잔여 세력에 대한 대대적인 경략經略을 단행한 그 본질적인 문제와 관련 있다. 앞서 언급했듯이 이 때 백제 군대는 낙동강유역에 출병해 가야제국을 제압하여 그 영향권내에 묶어 두었다. 여세를 몰아 백제 군대는 마한 잔여세력과 현재의 제주도를 연결하는 요진要津인 고해진에 집결하여, '남만南蠻'의 범주에 들어가는 침미다례를[26] 도륙하여 전라남도 해변 지역까지의 진출을 완료하였다.

## 2. 물증이 말하는 백제와 곡성

369년에 새로 확보한 백제 영역을 전제하고서 곡성 지역 출토 금제金製 이식耳飾의 성격을 살펴 본다. 일단 곡성 석곡리와 방송리에서 출

26 백제의 천하관에 대해서는 李道學, 『백제 한성·웅진성시대 연구』, 일지사, 2010, 188~202쪽을 참조하기 바란다. 이와 관련해 노중국은 "근초고왕은 이 침미다례 세력을 '南蠻'으로 불렀다. 남만이란 표현은 중국의 사이관을 차용한 것으로서 백제가 주변 세력들을 이적시하는 천하관을 가지고 있었음을 보여주는 것이다(노중국, 『백제의 대외교섭과 교류』, 지식산업사, 2012, 455쪽)"고 했다. 그러나 이러한 견해는 李道學의 다음 서술에서 이미 보인다. "그런데 백제가 영역적 지배가 아니라 貢納的 지배의 대상으로 설정한 영산강 유역의 忱彌多禮를 '南蠻'으로 일컫고 있음은 주목되는 사실이다. '南蠻'이라는 표현은 史書 編纂時의 인식이 일차적으로 반영된 것이지만, 그와 같이 불려진 세력이 백제에 복속되지 않은 채 馬韓經略 이후에도 존속한 것을 생각할 때, 四夷의 중심에 자리잡았다는 천하관과 관련짓는 게 가능하다. 즉, 백제는 중화적인 천하관을 빌어 노령산맥 이남의 마한 잔여 세력을 南蠻이라는 멸칭으로 일컬은 것이다. 이러한 사실은 백제가 南蠻뿐 아니라 여타의 四方的 夷 名을 설정하여 그 중심에 군림한다는 인식을 지녔음을 알려주는 동시에 自國 중심의 사방관념에서 주변 국가를 저급하게 취급함으로써 우월성을 내세우는 천하관의 발로라고 하겠다(李道學, 앞의 책, 1995, 244~245쪽)."

토된 금제 이식耳飾은 사슴형으로서 동일 계통에 속한다. 다만 방송리 이식에는 끝이 뾰족한 심엽心葉에 작은 심엽心葉을 장식한 복엽複葉이라는 차이만 있을 뿐이다. 방송리 이식은 웅진성 도읍기에 본격적으로 등장하는 복엽複葉이 나타난다. 그러나 방송리 이식에는 석곡리에서 출토된 한성 도읍기의 이식 전통傳統을 고스란히 지니고 있다. 그런 관계로, 방송리 이식은 한성말~웅진성 초기로 편년할 소지가 크다.

이와 짝하는 석촌동 제4호분 주변에서 출토된 이식耳飾은 주환主環 3개와 이것에서부터 분리된 수식垂飾이 달렸다. 여기서 주환 3개는 석촌동 제3호분 동쪽 고분군에서 출토된 것으로 소개되었다. 그리고 이식은 당초 86-화장유구로 알려져 있었으나[27] 발굴자의 증언에 따라 석촌동 제4호분 주변으로 정정되었다.[28] 이 이식耳飾은 15개의 금환金環을 오므리고 구부려 고리를 만들고 서로 연결하여 새롭게 길쭉한 금사슬을 만들었다. 그리고 맨 밑에는 조그마한 심엽형판心葉形板을 매달아 장식하였다.[29]

최근 백제 한성 도읍기의 고분에서 출토된 이식耳飾을 분류해 놓은 성과에 따르면 한성 도읍기 이식은 모두 6개 유형으로 구분된다. 그런데 석촌동 제4호분 주변에서 출토된 이식과 동일한 양식은 그 밖의

---

27 서울大學校博物館,『발굴유물도록』, 1997, 187쪽.
28 李漢祥, 앞의 논문, 24쪽 註 2.
29 李漢祥, 위의 논문, 24쪽.

**그림 2-3** 해남 방산리 전방후원분.

**그림 2-4** 해남 군곡리 패총에서 출토된 일본 야요이 토기.

3개 소에서 더 출토되었다. 즉 익산 입점리 제1호분과 곡성 석곡리 및 방송리에서 출토된 이식이다. 익산 입점리 것은 주환에 금실을 걸어 조금 늘어뜨린 다음 그 아랫쪽에 사슬을 연결하고 그 끝에 삼익형三翼形 수하식垂下飾을 매달았다. 곡성 석곡리 것은 매우 가는 주환에 작은 유환을 걸고 금고리 8개를 연결한 사슬 아래에 둥근 고리와 큼직한 심엽형판을 매달았다. 심엽형 수하식의 가장 자리에는 각목대를 부착하였다. 심엽형 수하식의 금판은 아랫 부분은 둥글게 처리하였고 각 목대를 길게 늘어뜨려 뾰족하게 만들었다. 이와 함께 사슬과 심엽형 판 사이에 유환을 끼우는 것은 석촌동 제4호분 주변에서 출토된 이식 보다는 발달된 모습이라는 평가를 받고 있다.[30] 그 밖에 곡성 방송리 에서 출토된 금제 이식은[31] 복엽이기는 하지만 역시 사슬형으로서 위 의 3개 이식과 계통이 동일하다.[32] 입점리 제1호분의 경우는 입체적 인 사익형四翼形 초기 형태이기는 하지만 한성 도읍기로 분류된다.[33]

---

30  李漢祥, 위의 논문, 31쪽.
31  국립부여박물관, 앞의 책, 104쪽.
32  이와 관련해 곡성 방송리 출토 금제 耳飾을 백제 것으로 파악하는 성정용의 견해를 반박하면서 함양 백천리에서 출토된 대가야산 耳飾과 동일한 형식이라는 견해도 있다(박천수, 「대가야권의 성립과정과 형성 배경」, 『토기로 보는 대가야』, 대가야박물관, 2006, 89~90쪽). 그러나 위에서 게재한 <그림 1>과 <그림 2>를 상호 비교해 보면 영향 관계는 고려해 볼 수 있겠지만 동일 형식은 아님을 알 수 있다.
33  이혜영, 「백제 이식의 조형성 연구-삼국시대 이식의 조형 특성 비교를 통하여-」, 『한국 디자인 포럼』, 한국디자인트랜드학회, 2008, 215~216쪽.

**그림 2-5** 서울 석촌동 고분군

**그림 2-6** 함양 백천리 1호분 출토 耳飾[34]   **그림 2-7** 곡성 방송리 출토 금제 耳飾[35]

---

34　대가야박물관,『대가야 유적과 유물』2004, 135쪽.
35　국립부여박물관, 앞의 책, 104쪽.

**그림 2-8** 석촌동 고분(서울대학교 박물관)

**그림 2-9** 곡성 석곡(서울대학교 박물관)

**그림 2-10** 익산 입점리 제1호분
(국립문화재연구소)

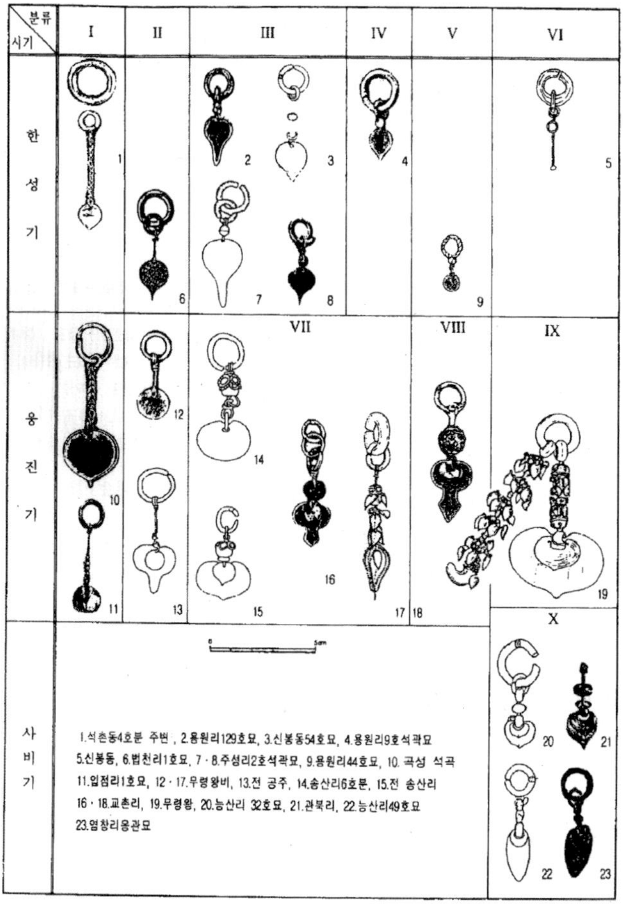
분류
시기
I
II
III
IV
V
VI
한성기
웅진기
사비기
VII
VIII
IX
X
1.석촌동4호분 주변, 2.용원리129호묘, 3.신봉동54호묘, 4.용원리9호석곽묘
5.신봉동, 6.법천리1호묘, 7·8.주성리2호석곽묘, 9.용원리44호묘, 10. 곡성 석곡
11.입점리1호묘, 12·17.무령왕비, 13.전 공주, 14.송산리6호분, 15.전 송산리
16·18.교촌리, 19.무령왕, 20.능산리 32호묘, 21.관북리, 22.능산리49호묘
23.염창리옹관묘

**도표 1** 백제의 耳飾 분류표[36]

36 李漢祥, 앞의 논문, 33쪽.
위의 분류표에서 李漢祥은 석촌동과 익산 입점리 제1호분과 곡성 석곡리 출토 耳飾

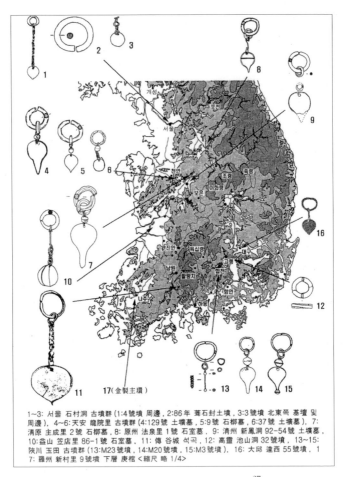

1~3: 서울 石村洞 古墳群(1:4號墳 周邊, 2:86年 葺石封土墳, 3:3號墳 北東쪽 基壇 및
周邊), 4~6: 天安 龍院里 古墳群(4:129號 土壙墓, 5:9號 石槨墓, 6:37號 土壙墓), 7:
淸原 主成里 2號 石槨墓, 8: 原州 法泉里 1號 石室墓, 9: 淸州 新鳳洞 92~54號 土壙墓,
10: 益山 笠店里 86-1號 石室墓, 11: 傳 谷城 석곡, 12: 高靈 池山洞 32號墳, 13~15:
陜川 玉田 古墳群(13:M23號墳, 14:M20號墳, 15:M3號墳), 16: 大邱 達西 55號墳, 1
7: 羅州 新村里 9號墳 下層 庚棺 <縮尺 略 1/4>

**도표 2** 漢城期 百濟와 大加耶 耳飾 分布圖[37]

를 동일 계통으로 분류했다. 그러나 익산과 곡성 耳飾은 웅진성 도읍기로 편년했다.
그런 데 곽장근, 「섬진강유역 교통로의 재편과정과 그 의미」, 『백제와 섬진강』, 전북
문화재 연구원, 2008, 200쪽에서는 李漢祥이 앞의 논문에서 곡성 석곡리 耳飾을 한성
도읍기 로 분류한 것으로 언급하고 있다. 그리고 李漢祥은 익산 입점리 1호분 耳飾도

백제 중앙의 분묘가 소재한 석촌동 출토 이식耳飾과 익산과 멀리 곡성에서 출토된 이식들이 동일한 계통으로 밝혀졌다. 그러면 이것은 어떠한 의미를 지닌 것일까? 6개 유형으로 구분되는 한성 도읍기의 이식 가운데, 이것이 백제 중앙과 직접 관련된 유형이라고 할 때 각별한 의미가 부여된다. 이식은 신분을 나타내는 위세품인 동시에 하사품으로 인식될 수 있다. 즉 백제왕이 지방 수장들에게 신분을 보증해 주는 신표로서 하사한 것이라고 한다.[38] 요컨대 이러한 이식들이 한성 도읍기 백제 중앙에서의 하사품이라고 하자. 그러면 유독 왕도에서의 이식과 연결되는 익산과 곡성 지역은 어떤 의미를 지닌 곳일까?

상기上記한 익산과 곡성 지역 이식耳飾은 중앙에서 파견한 담로제하의 왕족 소지所持에 해당된다. 그 반면, 여타 유형 이식은 지방의 토착 수장에게 하사한 것으로 간주되어진다. 이와 관련해 담로에 관한 『양서梁書』 백제 조의 다음과 같은 기사를 언급해 본다.

治所城을 이름하여 固麻라고 한다. 邑을 檐魯라고 하는데, 중국에서 말하는 郡縣과 같은 것이다. 그 나라에는 22 담로가 있는데 모두 子弟宗族을 이곳에 나누어 거주시킨다.

---

한성 도읍기로 재설정했다(李漢祥, 『장신구 사여체제로 본 백제의 지방 지배』, 서경문화사, 2009, 142쪽).
37 성정용, 앞의 논문, 114쪽.
38 李漢祥, 앞의 논문, 41쪽. 45쪽.

위의 기사에 보이는 담로는 '대성大城'을 의미한다고 한다. 그런데 담로제의 시행 시기와 존속 기간에 관해서는 여러 설說이 제기되었다. 그리고 사서史書로서 『양서』에 처음 보이는 담로제는 웅진성 천도로 인하여 5부제部制가 붕괴되고 정연한 지방지배 방식인 방方·군郡·성제城制 성립 이전의 상황을 전해 준다. 왜냐하면 거점성 중심의 지방지배 방식인 담로제는 이미 4세기 중반 이후에 시행된 바 있기 때문이다. 근초고왕은 신복속지인 금강 이남의 전라도 지역에 거점성 중심의 통치를 하였다. 이것이 다름 아닌 담로제였다. 개로왕대의 왕족인 여례餘禮가 금강 이남인 전주全州 지역의 장관인 불사후로 분봉된 것도 왕의 자제와 종족을 파견하는 담로제의 성격과 일치한다. 「흑치상지묘지명」에 의하면 "그 祖先은 扶餘氏에서 나와 黑齒에 封해졌으므로 子孫이 인하여 氏를 삼았다"고 하였다. 이렇듯 왕족[扶餘氏]인 흑치상지의 조선祖先이 '黑齒'에 분봉되었다. 이것이야말로 담로제의 증좌이다. 요컨대 4세기 중반 이후 백제의 지방지배 방식은 5부제部制와 담로제의 이원적 형태였다.[39] 그런데 곡성 지역 금제 이식耳飾 착용자를 귀장설歸葬說의 입장에서 본다면 백제 중앙과 연결된 담로와 결부 짓는데 회의적일 수 있다. 그러나 흑치상지 조선祖先은 부여씨扶餘氏에서 분봉分封 지역인 흑치黑齒로 씨氏를 바꿨을 정도로 재지화在地化하였다. 그런 만큼 담로장檐魯長의 귀장歸葬도 상정할 수 있겠지만, 분

---

39  李道學, 「漢城 後期의 百濟 王權과 支配體制의 整備」, 『百濟論叢』2, 1990 ; 李道學, 앞의 책, 1995, 324~329쪽.

명한 것은 재지화在地化 과정을 밟았던 사례가 확인된 것이다.

이와 관련해 익산 입점리 고분군은 일찍부터 담로의 장長이 묻힌 곳이 아닌가하는 추측이 제기되었다. 이 경우는 타당한 추정으로 받아들일 수 있을 것 같다. 앞서 언급했듯이 익산 지역은 근초고왕대 이후 거점 지배 방식인 백제의 담로제 범위 안에 분명히 포함되었기 때문이다. 그리고 입점리 제1호분이 석실분인 점은 주목을 요한다. 왜냐하면 한성 도읍기에 지금 서울 지역의 석실분 조영造營 여부가 논란이 되기 때문이다. 그런데 백제 중앙의 피장자와 동일한 계통의 위세품으로서의 이식耳飾을 착용한 자가 입점리 제1호분에 묻혔다. 또 그가 중앙에서 파견된 담로제 관련 인물이라고 하자. 그러면 의심할 나위없이 백제 중앙에서도 석실분이 조영된 것으로 보아야만 온당할 게다. 지금까지 논란이 되어 왔던 이 문제에 대해 한 획劃을 긋는 중요한 발견으로 해석된다. 나아가 익산 입점리 제1호분의 편년은 웅진성 도읍기가 아니라 한성 도읍기로 재조정하는 게 타당할 것 같다. 또 그렇게 지목했던 견해가 옳았음이 밝혀졌다. 실제 이한상李漢祥도 이후 입점리 제1호분에서 출토된 耳飾을 종전의 웅진성 도읍기에서 한성 도읍기로 재설정하였다.[40]

이와 동일한 맥락에서 본다면 곡성 출토 이식의 매납埋納 배경도 설명이 가능하다. 백제 중앙에서 멀리 떨어진, 그것도 일반적으로 백제

---

40 李漢祥, 앞의 책, 142쪽.

영역이 아니었을 것으로 간주되어 왔던 전라남도 곡성 지역 2곳에서나, 백제 중앙과 동일한 계통의 이식이 출토되었다. 그러한 배경은 이곳에 파견된 담로장이 재지화의 길을 밟았던 산물이었다.

## Ⅲ. 谷那鐵山의 비정 문제

369년에 백제는 근초고왕의 남정南征으로 당시 고해진古奚津이라고
불렸던 전라남도 강진 지역을[41] 장악한 사실이 확인되었다. 이는 곧
백제의 지배력이 전라남도 여타 지역까지 미쳤을 가능성을 심어준다.
이와 관련해 백제 칠지도의 산지産地였던 谷那鐵山의 소재지 파악과
관련한『일본서기』신공 52년 조의 기사를 옮겨 보면 다음과 같다.

> 七枝刀 1口와 七子鏡 1面 및 각종의 重寶를 바쳤다. 이어 사뢰
> 기를 "臣의 나라 서쪽에 강물이 있는데, 근원은 谷那鐵山에서 나
> 오고 있습니다. 그 멀기는 7일을 가도 이르지 못합니다. 마땅히
> 이 물을 마시면 곧 이 山鐵을 얻을 수 있으므로 길이 聖朝에 바치
> 겠습니다"라고 말하였다.[42]

그러한 谷那鐵山의 소재지에 대해서는 여러 견해가 있다. 먼저 谷
那=곡산설谷山說을 검토해 보도록 한다. 최근 이한상李漢祥은 "한성의

---

41  鮎貝房之進,『雜考』第7輯 上卷, 朝鮮印刷株式會社, 1937, 135~137쪽.
42  『日本書紀』권9, 神功 52년 조. "則獻七枝刀一口 · 七子鏡一面 及種種重寶 仍啓日 臣
    國以西有水 源出自谷那鐵山 其邈七日行之不及 當飮是水 便取是山鐵 以永奉聖朝"

서쪽에 있는 강의 상류에 위치하며 7일 동안 가도 도착하기 어려울 정도로 멀다고 하므로 그 위치를 황해도 일원으로 비정하는 견해가 설득력 있어 보인다"[43]라고 했다. 이와 관련해 일찍이 아유가이 후사노신鮎貝房之進은 谷那의 위치를 "당시 백제 왕도王都가 광주고읍廣州古邑(남한산南漢山 북록北麓)이라면, 여기서부터 서방西方 백제 영역의 대하大河로서는 임진강과 예성강이 있다. 이 것의 '수원水源'이라고 말하는 곳은 어디를 가리키는지는 명확하지 않지만, 이 2강江의 상류에 있는 지명으로서 '谷那'는 황해도黃海道 곡산군谷山郡의 고명古名을 가리키는 것으로 고정考定된다"[44]고 하였다. 그는 371년에 백제군이 고구려 영역으로 북진할 때 이 철산을 획득한 것으로 추정했다고 한다.[45] 아유가이 후사노신鮎貝房之進은 음상사音相似에만 근거하여 谷那=谷山으로 지목하지는 않았던 것이다. 그리고 미시나 아키히데三品彰英도 칠지도의 산지를 백제가 고구려와의 전투에서 영유한 황해도 곡산 지역의 철鐵로 제작하였다고 했다.[46] 이후 谷那를 곡산으로 비정하는 견해는 우에다 마사아키上田正昭 등 많은 지지자支持者를 배출했다.[47] 그런데 谷那 鐵山의 소재지와 관련해, 남한강 상류의 충주忠州를 지목하는 견해도 있다. 그러나 이와 동일한 수계水系로서 서쪽으로 흐르는 한강을 끼고

---

43  李漢祥, 위의 책, 117쪽.
44  鮎貝房之進, 『雜考』第7輯 上卷, 朝鮮印刷株式會社, 1937, 163쪽.
45  坂本太郞, 『日本書紀(二)』, 岩波書店, 1994, 185쪽.
46  三品彰英, 『日本書紀朝鮮關係記事考證(上)』, 吉川弘文館, 1962, 185쪽.
47  上田正昭, 『歸化人』, 中央公論社, 1965, 60쪽.

**그림 2-11** 충주 탄금대토성에서 출토된 백제 철정 40매.

있을 뿐 아니라 철鐵이 생산된 경기도 여주驪州의 고명古名인 골내근骨內斤은 谷那와 음사音似하다.[48] 그럼에도 골내근설骨內斤說을 홀시忽視한 이유를 모르겠다.

그러면 谷那鐵山을 황해도 곡산谷山으로 비정한 견해의 배경은 무엇일까? 아무래도 이 무렵 백제가 고구려와의 전쟁에서 승기勝機를 잡고 북진하는 역사적 배경을 염두에 두고 추정한 것이다. 그리고 谷那鐵山의 谷那와 곡산谷山이라는 지명 간의 현상적現象的 유사성類似性을 염두에 둔 것이었다. 그러나 곡산谷山은 삼국시대 때 십곡성十谷城이었다.[49] 그러므로 양자 간의 관련성을 운위하기는 어렵다. 물론 십곡성十谷城은 "덕돈홀德頓忽 또는 곡성현谷城縣 또는 고곡군古谷郡이라고도 한다"[50]라고 했다. 여기서 곡성현谷城縣은 谷那와 결부 지을 여지가 전혀 없는 것은 아니다. 그러나 곡성谷城의 '성城'은 '나' 보다는 '홀'로 발음되므로 연결 짓기 어렵다. 그 밖에 김현구金鉉球는 "황해도 곡산은 (백제의: 필자) 서쪽이 아니고 북쪽인 점에서도 그것은(곡산설: 필자) 성립되지 않는다"[51]고 했다. 이처럼 강수江水의 방향이 맞지 않자 제기된 주장이 다음과 같다.

---

48   酒井改藏,『日本書紀の朝鮮地名』, 親和, 1970, 15쪽; 田溶新 譯,『完譯 日本書紀』, 일지사, 1989, 167쪽 註 26.
49   『三國史記』권35, 雜志 4, 地理 2.
50   『高麗史』권58, 地理 谷州.
51   金鉉球,『任那日本府研究』, 일조각, 1993, 45쪽, 註 82.

이 문제는 사료에서 제시한 '臣國西'란 문구에 그 해결의 단서가 있다고 본다. 이 문구는 백제의 서쪽이라는 의미로 파악된다. 그런데 『日本書紀』의 한문투 문장에서 北과 西 그리고 東과 南을 겸용하는 것이 보편적이므로 이런 입장에서 '臣國西'라는 방향을 이해한다면 백제의 (서)북지역에서 곡나의 위치를 찾는 것도 무방할 것이다.[52]

그러나 위의 주장은 비판할 필요를 느끼지 못하는 억설臆說이다. 어떻게든 谷那로 몰고 가려는 궁색한 주장이라는 느낌만 준다. 왜냐하면 『일본서기』에 보이는 방향의 교란은 활 모양으로 휘어진 일본열도라는 특수한 지형에서 기인한 것일 뿐이다. 남북으로 균형 잡힌 지형을 지닌 한반도에서는 상정하기 어렵다. 따라서 신공神功 52년 조의 신빙성 여부를 떠나 서보경의 논거論據는 당초부터 성립되지 않는다. 혹은 "'國以西有水'를 금강으로 본다면 그 상류인 보은報恩 일대로 비정할 수 있을 것이다"[53]는 견해도 있다. 이한상은 谷那鐵山의 곡성설谷城說과 곡산설谷山說 가운데 문동석이 지지支持한다는 곡산설을 취했다고 하였다. 그러나 기실 문동석은 보은설報恩說을 새롭게 제기했다. 한편 이병도李丙燾는 谷那鐵山의 소재지에 대해 다음과 같은 소견을 밝힌 바 있다.

---

52  서보경, 「鐵製品을 매개로 한 百濟와 倭의 交涉」, 『史叢』 52, 2000, 95쪽.
53  문동석, 「4世紀 百濟의 加耶 원정에 대하여」, 『국사관논총』 74, 1997, 247쪽.

나의 解釋으로는 國西의 水는 百濟國의 西北쪽에 당하는 大水를 가리킨 것으로, 지금의 臨津江이 거기에 당하며, 또 그 上流處에서 鐵을 産出하던 곳을 들면 둘이 있다. 江原道 西北쪽의 安峽과 金化가 그곳이니, 東國輿地勝覽(卷四十七) 安峽縣 土産 條에

石鐵出縣東奴隱洞, 性剛, 易折

이라 하고, 同書(同卷) 金化縣 土産條에도 "石鐵出方洞川", 同縣 山川條에 "方洞川在縣東二十六里, 南大川合"이라고 하였다. 이들 두 곳 중에도 安峽의 石鐵이 가장 剛하여 "性剛, 易折"이라고까지 일컫고 있다. 그리고 보면 위에 久氏의 이른바 '谷那鐵山'은 바로 이 安峽縣東의 奴隱洞産鐵地를 말하는 것이 아닌가. 이렇게 보는 것이 妥當할 것 같다. 但 그 距離가 '七日行之不及'이라고 한 것은 그곳이 먼 山峽 가운데 있으므로, 그렇게 表現한 것 같고, "當飲是水 便取是山鐵云云"은 原流와 山鐵과의 關係를 神秘化시키기 위한 말이라고 보아야겠다. 어떻든 鐵의 이야기가 나온 것은 우리의 注意를 이끄는 매우 재미 있는 말로, 당시 百濟의 採鐵冶金의 術이 발달한 것을 상상케 하여 준다.[54]

---

54  李丙燾,「百濟七支刀考」,『韓國古代史研究』, 博英社, 1976, 520쪽.

위의 논지에서는 신공神功 52년 조의 "臣의 나라 서쪽에 江水가 있는데, 근원은 谷那鐵山에서 나오고 있습니다"라는 구절을 주목했다. 곧 '강수江水'의 흐름에 주목하여 谷那鐵山의 소재지를 파악하려는 경향이 많았다. 그러나 이 구절은 백제가 새롭게 확보한 철장鐵場에서 산출한 철제품의 격格을 올리기 위해 구사한 언사일 뿐이다. 특히 "이 물을 마시면 곧 이 산철山鐵을 채취할 수 있으므로"라고 한 구절은 숙신肅愼의 특산물인 청석靑石 산지産地를 "채취하려면 반드시 먼저 神에게 기도해야 한다"[55]라는 문구처럼 신비적 표현에 불과하다. 게다가 이케우치 히로시池內宏가 "당시 백제 국도의 서쪽은 大海이므로 그 곳에 강이 흐르는 산이 있었을 리 없으며"[56]라고 하며, 문구의 모순을 지적하였다. 그러면서 谷那는 아화왕 때 침미다례와 함께 왜倭에게 빼앗겼다는 백제 동한지지東韓之地로 생각되므로, 소위 谷那鐵山은 백제왕의 주언奏言과 함께 궤상机上 안출案出에 불과하다고 단언斷言했다.[57] 김현구金鉉球 역시 "백제의 근초고왕이 서쪽으로 7일 이상 간 곡나(=谷城)의 철산에서 철을 취하여 바치겠다고 한 내용은 백제의 서쪽이 바로 바다인 점과 곡나가 그 남쪽에 있었던 점으로 보아 있을 수 없는 일이다"[58]고 갈파했다. 요컨대 신공 52년 조의 철산鐵山 기록은 실체가 없는 허사虛辭라는 지적이다. 그런 만큼 谷那鐵山의 소재지 추적과 관

---

55  『晉書』권97, 肅愼氏傳.
56  池內宏, 앞의 책, 63쪽.
57  池內宏, 위의 책, 63쪽.
58  金鉉球, 앞의 책, 45쪽.

런해 백제 영역 서쪽으로 흐르는 강江만으로 그 위치를 한정하는 것은 의미가 없다. 여기서 중요한 것은 존재할 수도 없는 방향의 강수江水 위치를 찾는 게 아니다. 명백히 호명呼名된 철산鐵山의 소재지인 '谷那'의 위치 파악이 관건關鍵인 것이다. 이병도가 谷那鐵山의 소재지로 비정했던 황해도 안협安峽은 "고구려 阿珍押縣이었다"[59]고 했다. 그런데 阿珍押은 谷那와 음운상으로 연결되지 않는다.

근자에는 谷那鐵山의 소재지를 곡산으로 비정하는 견해를 한층 보강시켜 제기하였기에 검토해 본다. 관련 구절을 인용해 보면 다음과 같다. 그리고 밑의 문단은 서보경이 인용한 주註가 된다.

> * 한편 A-6)[以大錦下, 授佐平餘自信・沙宅紹明(法官大輔). 以小錦下, 授鬼室集斯(學職頭). 以大山下. 授達率谷那晋首(閑兵法)〈『日本書紀』天智 10년 是月 條〉: 필자]을 통해 볼 때, 谷那氏는 백제를 거쳐 귀화한 고구려계 귀족으로 간주할 수 있다. 谷那氏가 고구려 출신인 점과 姓氏가 지명에서 유래하는 경우가 많은 점을 고려한다면, 谷那晋首 등 곡나씨의 존재를 통해 볼 때도, 晋首를 백제의 북방인 황해도 지역으로 비정할 수 있다. …수곡성이 백제의 北鄙로 자리잡고 있던 시점에 곡나지역을 백제의 영역으로 흡수했던 것이다. …그러므로 '神功紀' 52년조의 전・후반부

---

59 『三國史記』 권35, 地理 2.

서술내용은 근초고왕 26년(371)에 對高句麗戰에서 승리한 백제가 수곡성 지역을 北鄙로 위치 지은 후, 이 인근 지역에 분포한 철산에서 나온 철로 철제품 등을 제작해 倭 조정에 보낸 것이다. 그리고 그 시점이 近肖古王 27년(372)이었던 것이다.[60]

* 同姓에는 武智麻呂傳에 음양으로 유명한 谷那庚受가 보인다. 庚受는 神龜元年(724) 5월에 難波連으로 改姓되고, 『新撰姓氏錄』左京諸蕃에 "難波連 出自高句麗好太王也"이라고 서술되어 있다. 그리고 『續日本紀』天平寶字 2년(758) 4월에 難波連으로 改姓된 難波藥師도 "本高麗人歸百濟國"이라고 서술되어 있다. 그러므로 谷那氏를 백제를 거쳐 귀화한 高句麗系(『日本書紀』下 補註 27-3. 579쪽) 인물로 간주해도 좋을 것이다.

위에서 인용한 2개의 문단 가운데 서보경이 인용한 밑의 문단 주註는 전문全文이 이와나미 서점岩波書店 간刊 『日本書紀』下 補註27-3. 579쪽'에 기재된 것이다. 그러므로 주註의 위치를 문단 맨끝으로 이동시켜야 마땅하다. 즉 아랫 문단 전체가 주註이기 때문이다. 그런데 위의 주註를 검토해 볼 때 難波連이 고구려계라고 하자. 그렇더라도 개성改姓한 谷那氏가 당초부터 고구려계라는 명증明證은 없다. 難波連으로

---

60  서보경, 앞의 논문, 96~97쪽.

개성改姓한 難波藥師의 비조鼻祖인 德來에 대해서는『속일본기』에 보인다. 즉 "己巳 內藥司佑 兼 出雲國 員外掾 正6位上 難波藥師奈良 등 11인이 '奈良 등의 먼 조상 德來는 본래 高麗人으로서 백제국에 귀화하였습니다. 지난 泊瀨朝倉朝廷(雄略天皇: 譯者)에서 백제국에 조칙을 내려 才人들을 찾았습니다. 이에 德來를 聖朝에 바쳤습니다. 德來의 5세손 惠日이 小治田朝廷(推古天皇: 譯者) 때에 大唐에 파견되어 醫術을 배웠기 때문에 藥師라고 불러서 마침내 姓이 되었습니다. 지금 어리석은 우리 자손들은 남녀를 불문하고 모두 藥師의 姓을 가지고 있어서 이름과 실제가 혼돈될까 두렵습니다. 엎드려 원컨대 藥師라는 글자를 고쳐서 難波連이라고 하게 해주십시오'라고 말하므로 허락했다"[61]고 한다.

지금까지 살핀 기록에서 5세기 후반대에 백제를 거쳐 왜倭로 망명한 덕래와 7세기 후반에 왜로 망명한 곡나진수가 있다. 이들 후손들은 모두 8세기대에 와서 34년의 시차時差를 두고 難波連으로 개성改姓한 것이다. 그런데 위에서 인용한『일본서기』보주補註에서는 고구려계가 분명한 덕래의 후손과 조국회복운동을 전개하다 망명한 백제계 곡나진수의 후손들을 동원同源으로 간주했다. 그렇지만『신찬성씨록新撰姓氏錄』의 내용을 맹신하여 그대로 수용하는 자세는 세심한 검토가 요망된다. 주지하듯이 그 계보에는 분식粉飾된 과장이 많은 것으로 정평이 나 있기 때문이다. 그럼에도『신찬성씨록新撰姓氏錄』기록을 액면

---

61 『續日本紀』권20, 天平寶字 2년 4월 조.

그대로 받아들여 보자. 그러면 難波連은 고구려 호태왕好太王에서 나왔다고 하므로, 개성改姓한 谷那氏는 원래 고구려 왕실의 고씨高氏였었다. 물론 호태왕好太王이 광개토왕만을 가리키지는 않지만, 이 기록대로라면 고구려 왕족인 것은 분명하다. 그리고 황해도 곡산을 가리킨다는 谷那 지역地域은 근초고왕대에 백제 영토였다. 더불어 이 곳은 그 뒤 광개토왕대에는 다시금 고구려 영역이 되었음을 상정해야 한다. 그렇다면 호태왕好太王의 후손들 중 고씨高氏에서 谷那氏로 개성改姓한 후 백제로 망명했다가 다시금 왜로 건너간 게 된다. 그런데 개성에는 필시 정치적 계기가 존재하게 마련이다. 그렇다면 그 시점은 5세기 후반에 덕래가 백제로 망명한 이후일 것이다. 일본 조정에서 谷那氏를 難波連으로 사성賜姓한 것은, 고려 태조太祖의 사성정책賜姓政策처럼 혈연적血緣的 연고緣故와는 전혀 무관했기 때문이다. 谷那氏와 나니와 약사씨難波藥師氏도 단지 거주지인 나니와難波라는 지역적 연고에 근거해서 나니와 무라치難波連로 사성賜姓하거나 개성을 허락했을 가능성이 높다.

참고로 나니와 무라치難波連와 관련한 고대 일본의 씨성제도氏姓制度에 대해 살펴 보자. 씨성제도는 씨족氏族과 성姓으로부터 이루어진 정치적 신분질서를 가리킨다. 씨족은 씨족의 대표인 우치가미氏上와 씨인氏人을 주된 구성원으로 하는 정치집단인데, 혈연으로만 구성된 집단은 아니었다. 씨족은 정치적 예속관계로부터 질서가 이루어지고 있으며, 비혈연자非血緣者도 포함되어 있었지만, 씨氏를 동일하게 사용했기에 동족同族으로 의식되었다. 우치가미는 씨인氏人을 통솔하고 부민部民과 노비奴婢를 예속시켰다. 각 씨족은 세습적인 직업을 가지고 조정朝廷에 나아갔다. 가령 인베씨忌部氏와 나카도미씨中臣氏는 제사祭祀를, 오토모씨大伴氏와 모노노베씨物部氏는 군사軍事를 담당하였다. 그리고 성姓과 관련해 본래 씨족의 수장首長은 존칭尊稱이 있었지만, 야마토조정大和朝廷이 성립한 후에 그러한 존칭은 대왕가大王家를 중심한 씨족氏族의 지위地位・가계家系・직장職掌 등을 표시하는 성姓으로서 신분적으로 편성되었다.

성姓에는 와케別・기미君・오미臣・아다에直・무라치連・미야츠코造・오비토首 등이 있는데, 기나이畿內의 씨족을 중심으로 부여되었다. 君・臣・直 등의 성姓은 유력한 지방 호족에게 많았고, 連과 造・首 등은 시나베品部를 통솔하는 도모노 미야츠코伴造 등에 많았다.[62] 이 같은 씨성제도의 내력을 볼 때 谷那氏가 고구려계인 나니와 무라치로 사성賜姓되었다고는 한다. 그렇지만 이 자체가 혈연적 동질성을 매개로 한 것은 아니었다. 때문에 谷那氏를 고구려계로 상정한 후 그 지명을 황해도 방면에서 찾는 시도는 의미가 없다.

그리고 371년에 백제가 수곡성을 점령한 후에 谷那鐵山을 확보했다는 견해이다. 서보경은 "백제 근초고왕이 왜倭 조정에 칼과 거울 등 여러 가지 귀한 보물을 전하면서, 그 칼의 재료인 철이 백제의 곡나철

---

62  山本西郎・上田正昭・井上滿郎, 『解明 新日本史』, 文英堂, 1983, 29쪽.

산에서 생산된 것임을 설명한 것이다"[63]라고 했다. 이와 더불어 372년에 "그리고 百濟 근초고왕이 倭에게 고구려와의 투쟁에서 영유한 谷那의 鐵山에서 생산한 鐵로 七枝刀 등의 귀한 보물을 보낸 것은"[64]라고 하였다. 여기서 371년에 谷那鐵山을 확보하고 그 이듬해에는 확보한 철산의 제철로 제작한 칠지도를 왜에 보낸다는 것은 불가능한 일이야 아니겠지만, 시간상으로 몹시 촉박하다. 그런데 서보경이 『일본서기』에 보이는 칠지도 관련 기사를 신뢰하는 상황이라면, 그 제작 시점인 '泰和四年'은 369년이 될 수밖에 없다. 그렇다면 백제가 谷那鐵山을 처음 확보했다는 371년과 칠지도 제작 시점인 369년은 시점이 역전되고 만다. 오히려 谷那鐵山은 369년 3월의 근초고왕 남정南征과 결부 짓는다면 그 확보와 제작 및 왜로의 전래가 시간상 자연스러워진다. 물론 谷那鐵山의 위치 비정은 다르지만, 369년 이후에 谷那鐵山을 영유領有한 것을 기념하기 위한 주술呪術·보기적寶器的 칠지도를 제작했다고 한다.[65] 그렇다면 谷那鐵山의 확보 시점을 371년으로 비정한 서보경의 견해는 시점상 더욱 수긍이 어렵다.[66] 더구나 서보경의

---

63  서보경, 앞의 논문, 97~98쪽.
64  서보경, 위의 논문, 107쪽.
65  上田正昭, 앞의 책, 60~61쪽.
66  참고로 칠지도 명문의 연호를 '泰△'로 판독하여 백제 독자 연호로 간주하면서, 중국 동진 연호설에서는 369년에 제작하였다가 3년이나 묵힌 후인 372년에 왜왕에게 준 것은 어색하다는 주장이 최근 제기되었다(朱甫暾, 「百濟 七支刀의 의미」, 『韓國古代史 研究』62, 2011, 270~276쪽). 그런데 '泰△'을 정밀 촬영한 결과 '△'은 '図' 의 劃이 확인되었다. 그리고 그 오른편에는 'ㅁ' 劃이 확인된다. 그런 관계로 '泰△'는 '泰和'일 가능성이 높다. 그랬기에 鈴木勉·河內國平, 『復元七支刀』, 雄山閣, 2006, 5쪽에서도 '和'로 판독한 것이다. 게다가 칠지도의 제작 시점인 369년은 백제사의 劃期였기에 그

견해는 谷那鐵山=곡산설谷山說과 상충되는 『일본서기』 응신 8년 조 기사에 등장하는 '谷那'에 대한 언급이 없다는 결정적인 한계를 지녔다. 즉 谷那는 아화왕의 이른바 무례無禮를 빌미로 왜가 탈환했다고 주장하는 소위 '東韓之地'와 더불어 지금의 전라남도 해남으로 비정되는 '枕彌多禮'[67] 등과 함께 보인다. 그러므로 谷那의 지리적 범위는 전라남도 일원으로 그려진다.

그런데 "우리의 枕彌多禮 및 峴南·支侵·谷那·東韓之地를 빼앗았으므로(應神 8년조)"라는 구절의 '枕彌多禮·峴南·支侵·谷那'를 '東韓之地'에 포괄되는 지명으로 간주하는 견해가 있다. 동시에 『일본서기』 응신應神 16년 조의 "東韓者 甘羅城·高難城·爾林城是也"라는 구절에 보이는 고난성高難城을 谷那와 동일 지역으로 간주했다.[68] 이러한 주장은 응신 8년 조의 谷那를 응신 16년 조의 고난성과 일치시키는 한편, 谷那鐵山의 谷那와는 별개의 지역으로 분리하려는 저의底意에서 비롯되었다. 물론 谷那와 高難은 음상사音相似할 수 있다. 그렇지만 나머지 枕彌多禮·峴南·支侵(응신 8년 조)은 甘羅城·爾林城(응신 16년 조)과는 서로 연결되지 않는 지명들이다. 게다가 동한지지東韓之地는

해를 기념해서 제작 연도를 새겨넣은 것일 뿐, 369년에 제작했다는 증거가 될 수는 없다. 더구나 연호가 적혀 있는 표면은 의례적인 문투라고 한다. 그런 만큼 372년에 倭에 칠지도를 보낼 때 369년의 偉業을 기념해서 마치 이때 제작한 것처럼 선전한데서 연유한 것으로 보인다. 이러한 맥락에서 본다면 최근에 제기된 '泰△'의 백제 연호설은 의미를 잃게 된다.
67  李道學, 앞의 책, 1995, 350쪽.
68  鮎貝房之進, 앞의 책, 163~168쪽.

문맥상으로도 枕彌多禮·峴南·支侵·谷那를 포괄하는 개념이 아니라 어디까지나 병렬並列 관계임을 다시금 알 수 있다. 따라서 동한지지는 응신 16년 조에서 그 공간적 범위에 대해 정의를 내린 감라성甘羅城·고난성高難城·이림성爾林城에만 국한된다고 보아야 맞다. 요컨대 谷那는 枕彌多禮와 더불어 백제가 줄곧 지배한 전략戰略 구간이었음을 알 수 있다.

# IV. 谷那鐵山의 谷城 비정과 運送路

지금까지의 검토를 통해 谷那鐵山의 비정과 관련한 기존 견해 가운데 황해도 안협이나 곡산설 등은 타당성을 잃었다. 이에 대한 대안으로 일찍이 이케우치 히로시池內宏는 "또한 谷那는 阿花王 때 침미다례와 함께 우리나라에 빼앗긴 땅으로서, 위에서 인용된 『百濟記』의 본문 가운데 보인다. 그러므로 加耶諸國과 가까운 백제의 東南境의 땅일 것으로 생각한다"[69]고 했다. 그러므로 이케우치 히로시가 음상사音相似에만 근거하여 谷那=谷城으로 지목했다는 서술은[70] 맞지 않다. 기실 谷那를 곡성谷城으로 지목한 이는 쓰에마쓰 야스카즈末松保和였다. 그는 특별히 논거를 제시한 것은 아니었지만, "谷那는 『三國史記』의 欲乃郡이고, 全羅南道 谷城 땅이다"[71]라고 하면서 양자兩者를 서로 결부지었다.

그러면 谷那鐵山이 전라남도 곡성谷城과 어떻게 연결되는지를 검증할 순서이다. 곡성谷城은 백제 때 욕내군欲乃郡이었다.[72] 그러한 欲

---

69  池內宏, 『日本上代史の一研究』, 中央公論美術出版, 1970, 63쪽.
70  李漢祥, 앞의 책, 117쪽. 그는 鮎貝房之進도 音相似에 근거해서 谷那를 谷山으로 비정했다고 하였다.
71  末松保和, 『任那興亡史』, 吉川弘文館, 1971, 73쪽.
72  『三國史記』권36, 地理 3.

乃는 谷那와 연결이 가능하다. 자전字典에 보면 '谷' 자字에는 '곡'·'욕'·'록'의 3가지 음음을 가지고 있다. 즉 '곡' 음음 외에도 '욕' 음음이 붙었다. 가령 중국 청해靑海 지방 선비족의 국명인 吐谷渾의 경우 '토욕혼'으로 읽는다. 그 밖에 벼슬 이름으로서 '록' 음음이 있는데, 흉노匈奴의 관명官名으로 욕려谷蠡가 일례이다. 이는 흉노 번왕藩王의 봉호封號인 것이다.[73] 이러한 맥락에서 볼 때 '谷'을 고유명사인 지명으로 사용할 때는 '욕'으로 발음하는 게 맞을 것 같다.[74] 그러면 谷那를 '욕나'로 읽었을 가능성을 상정해 보자.

『곡성군지』 건치연혁 조에 보면 곡성군을 일명 욕내[浴川]라고 하였다.[75] 1663년(현종 4)에 중건된 객사客舍 현판 이름이 욕내[천]관浴川館이었다. 1761년(영조 37년)에 간행된 읍지邑誌 이름도 『욕천지浴川誌』였다. 이러한 '욕내'는 백제 때 욕내欲乃와 동일할 뿐 아니라 욕나(谷那)와 음운상으로도 무리없이 연결되고 있다. 게다가 谷那 지명은 아화왕의 소위 무례無禮를 빌미로 왜가 탈환했다고 주장하는 '동한지지東韓之地'와 더불어 지금의 전라남도 해남으로 비정되는 '침미다례枕彌多禮' 등

---

73  民衆書林 編輯局 編, 『韓漢大字典』, 民衆書林, 2002, 1950쪽.
74  중국의 권위 있는 古代漢字 발음 조사 사이트 ('東方言語學' : http://118.24.95.172)의 관련 내용을 참고하면, '谷'의 上古 時期(남북조시대까지) 反切 은 :盧谷이다. 또한 구체적인 上古 시기 국제음성기호 (IPA)로 표기한 음가를 살펴보면 대표적인 학자 6인의 견해에 따르면, luk(高本汉 ), luk(李方桂 ), lok(王力 ), c-rok(白一平), roog(郑张尚芳 ) 및 [g]roog(潘悟云)이다. 中古 시기(隋 · 唐 · 宋代)는 反切은 역시 盧谷이고, IPA 음가는 高本汉 즉 luk으로 보고 있다. 이는 동아시아 고대언어학자이기도 한 주몽골대한민국대사관 정재남 대사의 조언이었다. 따라서 '谷'의 현행 音價인 '곡'은 적어도 백제 당시의 음가와는 무관하다는 사실을 알 수 있다.
75  서울대학교 奎章閣, 『全羅道邑誌 二 (谷城)邑誌』, 2003, 174쪽.

그림 2-12 『全韻玉篇』에 수록된 '谷'의 音價.

과 함께 보인다. 그러므로 욕나谷那의 지리적 범위를 전라남도 일원으로 설정할 수 있다. 즉 "백제인이 來朝하였다[百濟記에 이르기를 阿花王을 세웠으나 貴國에 무례한 까닭에 우리의 枕彌多禮 및 峴南·支侵·谷那·東韓之地를 빼앗았으므로 왕자 直支를 天朝에 보내어 先王의 우호를 닦았다]"[76]는 기사가 그것이다.

지금까지 검토한 바에 따르면 욕나철산은 곡성 지역에 소재한 것으로 보인다. 그러면 곡성 지역에서는 철광의 존재가 확인되는가? 일단 곡성군 옥과면인 옥과현 동쪽 20리里 즉 석곡면에 가까운 금산부곡金山部曲의[77] 금산金山이 철산鐵山의 존재를 암시해 준다. 그리고 일제 때 간행한 『조선광구일람朝鮮鑛口一覽』에서는 곡성군 관내에서 철광 대신 금金·은광銀鑛이 20개 소所 이상 확인되었다.[78] 이러한 광맥鑛脈의 풍부함을 주목한다면 당초 철鐵 매장 가능성도 배제하기 어렵다. 실제로 고대의 야철작업冶鐵作業과 사철층砂鐵層이 확인된 곳이 경기도 가평이나 양평 지역이었다.[79] 그러나 이 곳에서 철광은 확인되지 않은 반면, 금金·은광銀鑛은 40개 소와 90개 소 이상 각각 확인되었다.[80] 이점을 고려한다면, 곡성군 관내에서도 백제 당시에는 철광이 소재했을 개연성을 높여준다. 이와 더불어 전라남도 나주 동남부東南部를 백제 때 실어산현實於山縣, 통일신라 때 철야현鐵冶縣으로 행정지명을 부여

---

76  『日本書紀』권10, 應神 8년 조.
77  『輿地圖書』, 玉果縣, 古跡 條.
78  朝鮮總督府 殖産局 鑛政課, 『朝鮮鑛口一覽』, 1942, 166~167쪽.
79  金元龍, 「加平 馬場里 冶鐵住居址」, 『歷史學報』50·51合集, 1971, 111~138.
80  朝鮮總督府 殖産局 鑛政課, 위의 책, 9~16쪽.

하여 철광산과 제철야금製鐵冶金爐 소재 가능성을 시사해주었다.[81]

실제 나주 복암리 유적에서 백제 때 관영官營 제철유적製鐵遺蹟 및 제철노동製鐵勞動과 관련된 목간까지 확인되었다.[82] 그렇지만 나주 일원에서는 중세中世 이후 지금까지 제철製鐵 관련 유구나 광상鑛床은 확인되지 않았다. 합천 야로현冶爐縣은 조선시대의 문헌 뿐 아니라 야철冶鐵 흔적까지 남아 있어 지명과 실제가 부합되고 있다. 그렇지만 현재 조사된 '국내 주요 철광상 위치도'나 분포도에서는 합천 지역이 포함되지 않는다.[83] 그 이유는 한반도의 광물 자원은 종류는 다양하지만 일부 비금속 광물을 제외하면 복잡한 지질 구조에 따라 연속성이 불량하였다. 그 때문에 대체로 광체의 규모가 작은 특징을 가진데서 원인을 찾는다.[84] 따라서 현재의 광상鑛床에서 확인되지 않는다고 하여 백제 때 광산鑛山이 없었다고는 단정하기 어렵다. 삼국시대는 수백년간에 걸친 상시적인 전쟁 상황이었다. 그런 관계로 이에 따른 막대한 제철製鐵 수요需要로 인해 폐광廢鑛도 속출했을 것으로 보인다. 그런 만큼 현재 광상에서 확인되지 않았을수록 백제 때 이미 활용되었을 수 있다.

이와 관련해 다음과 같은 사실을 통해 곡성 지역 철광의 존재를 상

---

81　李道學,『百濟集權國家形成過程研究』한양대학교 사학과 박사학위청구논문, 1991; 李道學, 앞의 책, 354~355쪽; 리태영,『조선 광업사』, 평양종합인쇄공장, 1991, 127쪽.

82　국립부여박물관·국립가야문화재연구소,『나무 속 암호 목간』, 2009, 76~78쪽.

83　이현구 外,『한국의 광상』, 아카넷, 2007, 56쪽.

84　이현구 外, 위의 책, 35쪽.

정해 볼 수 있다. 즉 곡성군 온수溫水1·2리里에는 "쇠가 나왔다는 철철바위도 있다"[85]고 했다. 이와 동일한 대상에 대해 온수溫水 마을(온수1里)에 소재한 금강-모랭이에서 쇠가 나왔다고하여 현재 '철 바위'라고 불리는 바위가 있다. 더욱이 이곳 지명은 철점鐵店이었다.[86] 욕내군 치소로 전해지는 죽곡면에는 수철점리水鐵店里라는 지명이 전하고 있다. 무쇠 산출을 암시해 주는 지명인 것이다. 이로 볼 때 곡성 지역에 철광이 소재했음을 알겠다. 실제 앞서 거론한 金山部曲의 金山은 '谷那鐵山'의 '鐵山'에 조응照應하고 있다. 그리고 철점鐵店이나 수철점리水鐵店里라는 지명 자체가 말 없이 철 생산을 증언하고 있지 않은가?

백제의 통치 거점은 제철製鐵 운송로와 연계되어 설치되었을 것이다. 고려 말에 왜구들이 창궐하는 통에 백제 이래의 통치 거점을 그 북쪽인 지금의 곡성읍으로 옮겼다. 그 전까지는 죽곡면 당동리가 군치郡治였다고 한다. 백제 때 축조되었다고 전하는 곡성군 죽곡면 당동리와 석곡면 덕흥리의 경계에 위치한 고루산성古壘山城(堂洞里山城)이 통치 거점 역할을 수행했을 것이다. 고루산성은 비교적 낮은 산봉우리에 위치하면서 동·서·남 삼면으로 넓은 시야가 확보되는 지형에 자리잡았다. 이 같은 입지 조건에 비추어 볼 때 고루산성은 보성강의 물목을 차단·감시할 목적으로 축조한 산성으로 판단된다. 이 산성의 전체 길이는 647m이며 남북 방향으로 긴 타원형이다. 성벽은 내벽

---

85  권경안,『한국 곡성』, 향지사, 1998, 226쪽.
86  곡성군,『마을 유래지』, 1987, 226쪽. 300쪽.

**그림 2-13** 곡성 고루산성(당동리산성) 원경.

**그림 2-14** 고루산성에서 굽어 본 보성강.

이 노출되어 있지 않기에 정확히 알 수 없지만 바깥 쪽만 성돌을 축조한 내탁식으로 짐작된다. 물론 북쪽 정상부를 통과하는 부분은 협축夾築하였을 것으로 본다.[87] 아울러 금제金製 이식耳飾이 각각 출토된 석곡리와 방송리에는 욕내군의 치소인 고루산성과 연계된 고분군이 조성되었을 것이다. 특히 석곡리는 고루산성에서 서쪽으로 불과 1.5km 밖에 떨어져 있지 않다. 아울러 방송리에 잔존한 직경 10m의 중급 고분 3기基가[88] 그 편린을 엿보여준다.

그러면 곡성 지역에서 채굴採掘된 제철製鐵은 어떠한 운송로運送路를 통해 백제 중앙으로 공급되었을까?일단 고대에는 교통이 편리한 지역에 양질의 노천 광맥만 발견하여 채굴採掘했다고 한다.[89] 이러한 점에서 볼 때 철산지鐵産地인 곡성 지역은 철鐵 공급에 편리한 운송 수단인 보성강과 섬진강을 끼고 있다는 강점을 지녔다. 실제 곡성은 내륙 산간지대이지만, 해안세력海岸勢力과의 교류가 용이한 수로水路를 이용한 사례가 보인다. 가령 1379년(우왕 5)에 왜구가 곡성을 침략한 적이 있다. 1593년(선조 26)에는 왜구倭寇가 순자강鶉子江을 건너 곡성의 촌락을 불태웠다.[90] 왜구가 건너온 순자강은 그 북쪽의 남원南原에 가까운 곡성읍 청계동淸溪洞에서 오곡면 압록鴨綠까지를 관통하는 섬진강을 가리킨다. 순자강은 남쪽으로 흘러내려 오다가 승주昇州에서 흘러

---

87 최성락·고룡규·김영필,『谷城 堂洞里山城』, 전남문화재연구원, 2006, 30~34쪽.
88 이동희,「섬진강유역의 고분」,『백제와 섬진강』, 전북문화재연구원, 2008, 89쪽.
89 文暻鉉,『新羅史硏究』, 慶北大學校出版部, 1983, 160쪽.
90 『大東地志』권13, 谷城, 典故 條.

온 보성강과 합류한다. 그러니 욕내군의 통치 거점인 고루산성은 그 전면前面의 보성강에서 섬진강으로 이어지는 수로와 서남해안西南海岸 해로海路를 이용하여 백제 중앙과 교류가 가능하다. 이와 관련해 시사적인 기사가 고려 말의 다음과 같은 왜구의 곡성 일원 침략 기사이다.

倭가 道康縣을 침입하였다. 高城君 柳濚이 사망하였다. 前典工判書 李演과 護軍 任彦忠을 遼東에 보내어 摠兵 潘敬·葉旺에게 修好하려 하는데 李演 등이 遼東에 이르러 들어감을 얻지 못하고 돌아왔다. 印原寶로 西北面體察使를 삼았다. 太后가 病患이 있음으로 죄수를 풀어 주었다. 倭가 谷城에 침입하고 또 南原에 침입하여 判官을 죽이고 3일 동안 머물다가 또 順天府에 침입하였다.[91]

위의 기사를 놓고 볼 때 전후 정황상 처음 도강현道康縣 즉 강진康津을 침입했던 왜구가 곡성과 남원, 그리고 순천으로 들이닥쳤음을 알 수 있다. 여기서 왜구의 이동로는 강진康津→곡성谷城→남원南原→순천順天으로 잡히게 된다. 왜구가 강진에 일단 상륙한 후 본국으로 퇴각했든지 아니면 곡성을 재차再次 공격했든지 양단간兩端間에 한 경우를 상정할 수 있다. 어떠한 경우든 왜구들이 곡성에 이르기 위해서는

---

91 『高麗史』권134, 辛禑 5년 3월 조.

섬진강과 보성강을 이용했음을 알려준다. 그랬기에 왜구들이 곡성을 지나 그 북쪽의 남원을 약탈한 후 남하南下하여 순천順天을 공격할 수 있었다. 이러한 왜구의 남해안과 전라도 내륙 약탈 기사를 통해 강진이 왜구가 상륙할 수 있는 요항要港임을 짐작하게 된다. 아울러 369년에 근초고왕이 왜군과 더불어 점령한 고해진古奚津이 강진康津인 만큼, 근초고왕 남정에 대한 일정한 시사를 던져 준다. 백제는 고해진인 강진康津을 점령한 369년의 남정 직후인 372년에 욕나철산을 왜에 자랑하였다. 그로부터 불과 30년이 경과되지 않은 『일본서기』 응신應神 8년 조 기사에 백제가 369년에 점령한 침미다례와 함께 욕나谷那가 나란히 등장한다. 결국 백제의 욕나 확보는 369년 남정의 산물이었다.

# V. 백제의 섬진강 水系 경영

백제로서는 욕나철산谷那鐵山의 확보와 더불어 해결해야 할 사안이 이곳의 제철을 안전하게 중앙으로 공급하는 일이었다. 육상교통로를 이용하여 험준한 산악을 통과하는 비좁은 교통로의 개척을 비롯하여 그 주변에 포진한 잠재적 위협 요인 등 숱한 복병이 도사리고 있었다. 이 경우 백제로서는 해상교통로 모색에 주력할 수밖에 없었을 것이다. 이와 관련해 의미심장한 기사가 다음에 보인다.

多沙城을 보태 주고, 가고 오는 路驛으로 삼았다.[92]

위의 기사에 보이는 "多沙城을 보태 주고"라는 구절은 왜왕倭王 중심으로 분식粉飾된 내용인 만큼 거론할 값어치를 느끼지 못한다. 그러나 다사성多沙城을 '路驛'과 관련 짓고 있는 만큼, 다사진多沙津과 관련 있음은 분명해 보인다. 여기서 다사진이 하동을 가리키는 데는 이견이 없다. 백제가 마한 잔읍을 평정하고 고해진 등을 장악한 직후에 섬진강 하구에 소재한 다소진을 장악했음을 알 수 있다. 신공神功 50년

---

92 『日本書紀』권9, 神功 50년조.

인 370년에는 이 같은 백제의 다사진 즉 하동항 장악을 기정 사실화한 사건이 "多沙城을 보태 주고"라는 구절일 것이다. 백제는 369년에 장악한 강진항 뿐 아니라 고흥반도까지 지배했을 가능성이 높다. 백제가 최고급 위세품을 하사한 고흥 지역의 지배자를 통해 섬진강유역에 대한 영향력을 행사할 수 있었다고 한다.[93] 백제가 369년에 '도륙屠戮'이라는 표현을 구사했을 정도로 철저하게 파괴한 후 지배한 침미다례는 해남을 가리킨다. 그렇다고 할 때 369년과 370년경 백제는 한반도 서해안에서 남해안으로 꺾어지는 모서리에 소재한 해상海上 요충지인 해남 뿐 아니라, 그 동편의 요항要港인 고해진(강진), 그리고 남해안 항로의 요충지인 고흥반도와[94] 다사진(하동)에 이르는 남해안 해로海路를 장악했음을 알 수 있다. 그렇다면 백제가 6세기 초에나 섬진강유역에 진출하여 복속시켰다는 기존 통설은 설자리를 잃게 된다.[95] 이와 더불어 새로운 교통로의 개척도 상정할 수 있다. 즉 백제는 369년에 장악한 노령산맥을 넘어 임실→남원→곡성을 경유하여 섬진강 하구인 다사진에 이르게 된다. 신공 50년 조 기사는 육로와 수로, 그리

---

93  郭長根, 앞의 논문, 210쪽.
94  백제가 漢城 도읍기에 고흥반도를 장악했을 가능성은 李道學, 「금동관이 출토된 고흥 안동 고분의 피장자는 누구인가?」, 『한국전통문화학보』 37, 2006. 4. 2; 『역사가 기억해 주는 이름』, 서경문화사, 2007, 79쪽에서 언급한 바 있다.
95  487년에 백제는 任那에 跨據하면서 帶山城을 축조한 倭人 生磐宿禰 세력을 격파하였다. 『일본서기』 顯宗 3년 조에 적힌 이때의 전투를 백제의 섬진강유역 진출로 간주하는 견해가 많다. 그러나 이 보다는 백제의 거점이었던 섬진강 하구의 多沙津 일원에 대한 탈환으로 지목하는 게 맞을 것이다. 어쨌든 6세기대 이전에 백제가 섬진강유역을 경영한 사례인 것은 분명하다.

고 해로海路로 이어지는 백제와 왜 간의 새로운 노역路驛의 개척을 가리킬 수 있다.

그런데 475년 이후 백제는 한성漢城을 상실하고 웅진성으로 천도한 이후 극심한 내분에 휩싸였다. 이 틈을 타고 479년에 대가야왕 하지荷知는 남제南齊와 교섭하여 제수除授받는 데 성공했다.[96] 이를 기화로 대가야는 대외 교류에 긴요한 섬진강 하구의 다사진 장악에 박차를 가하게 되었을 것이다. 그러나 섬진강 좌左·우안右岸에 대가야 거점 유적이 확인되지 않고 있다. 반면 대가야의 거점 취락은 남원이나 장수 및 진안 등지의 내륙 지역에서 많이 발견되었다.[97] 이 사실은 대가야의 대중국對中國 교섭交涉이 단 1회로 그치고 만 것을 통해 보더라도 확인할 수 있다. 요컨대 기복起伏은 있었겠지만 백제의 섬진강 하구 장악의 일단을 암시해준다.

백제가 해로海路와 수계水系를 이용해서 욱나철산의 제철을 운송했음은 다음의 사실을 통해서도 뒷받침된다. 즉 백제는 우선 국도國都에서 일본열도로 이어지는 항로와 관련해 서남해안 연안 항해를 하면서 맞닥뜨리는 도서島嶼들의 돌출부를 피하려다가 풍파에 직면하여 선상船上에 적재積載한 물품들이 물에 젖거나 파괴되는 피해가 적지 않았

---

96  李道學,「漢城末·熊津時代 百濟王位繼承과 王權의 性格」,『韓國史研究』50·51合集, 1985;『백제 한성·웅진성 시대 연구』, 일지사, 2010, 307쪽. 370쪽.
97  郭長根,「대가야와 섬진강」,『5~6세기 동아시아의 국제 정세와 대가야』 2006; 조영제, 『옥전 고분군과 다라국』, 혜안, 2007, 149쪽.

**그림 2-15** 하동에서 본 섬진강 하류.

다.[98] 이러한 사실을 통해 백제는 그간 해로를 이용해 남해 연안의 다사진 등에 이르렀던 적이 많았던 것 같다.[99] 그런데 성왕대 백제의 지배력이 지금의 전라남도 일원까지 완전하게 미침에 따라 안전한 육상 교통로를 이용하고자 했던 것 같다. 동시에 백제는 대가야의 영향력이 한때 미친 전라북도 내륙 지역을 돌파하는 게 가능해졌다. 이로 인해 백제는 국도인 사비성으로부터 육로를 이용하여 남쪽으로 내려 온 후에 남해안에 소재한 항구를 이용해서 출항出航하는 게 유리하다는 판단을 하였다. 이러한 선상에서 성왕은 이해 관계가 부딪치는 대가야를 제압하고 지금의 경상남도 하동에 소재한 다사진多를 안정적으로 확보했다.

다사진 확보를 에워싸고 이 같이 백제가 대가야와 갈등하게 된 원인은 섬진강 수계의 이용권과 긴밀히 관련된 사안이었다. 6세기 초, 곡성 지역은 방송리 고분에서 출토된 유물이 시사하는 바가 있다. 즉 전세품인 금제金製 이식耳飾을 통해 전통적인 백제 기반 위에, 당대當代에 한정된 실용기實用器인 대가야 토기가 덧붙여진 것이다.[100] 이러한 유물 실상은 곡성 지역에 대가야 세력이 침투했음을 반증한다. 그러한 요인 가운데 하나가 욕나철산谷那鐵山 장악과 관련한 문제로 보인다. 그 표출이 6세기 초 백제와 가야계 일원인 반파伴跛와의 대립일 것

98 『日本書紀』권17, 繼體 23년 3월 조.
99 李道學, 『백제 사비성시대 연구』, 일지사, 2010, 35쪽.
100  이동희, 앞의 논문, 101쪽.

이다. 반파伴跛는 6세기 초 백제와 영역을 놓고 전쟁했는데 다음과 같다.

* (백제가) 별도로 아뢰기를 "伴跛國이 臣의 나라 己汶의 땅을 약탈했습니다. 엎드려 청하오니 天恩으로 판정하여 본국에 속하게 돌아오도록 해 주십시오"(계체 7년 6월 조).

* 冬 11월 辛亥朔 乙卯에 조정에서 백제의 姐彌文貴 將軍, 斯羅의 汶得至, 安羅의 辛已奚 및 賁巴委佐, 伴跛의 旣展奚 및 竹汶至 등을 나란히 세우고 恩勅을 奉宣했다. 그리고 己汶·滯沙를 백제국에 내려주었다. 이 달에 伴跛國이 戢支를 보내 珍寶를 바치고, 己汶의 땅을 애걸하였다. 그러나 끝내 주지 않았다(계체 7년 11월 조).

* 3월에 伴跛가 子吞·帶沙에 성을 쌓아 滿奚에 연결하였다. 烽候와 邸閣을 두어 일본에 대비했다. 또 爾列比·麻須比에 성을 쌓고, 麻且奚·推封에 연결하였다. 사졸과 무기를 모아 신라를 핍박했다. 자녀를 몰아내 약탈하고, 村邑을 무자비하게 노략했다. 흉악한 기세가 가해지는 곳에 남는 게 드물었다. 대저 포학·사치하고, 괴롭히고 해치며, 침노하고 업신여기니, 베어죽인 게 너무 많아서 상세히 기재할 수가 없었다(계체 8년 3월 조).

* 이 달[2월]에 沙都島에 이르러, 전하는 바를 들으니 伴跛人이 (倭에) 원한을 품고 毒을 부리는데, 강한 것을 믿고 포악한 일을 자행한 까닭에, 物部連이 수군 500을 거느리고 곧바로 帶沙江에 들어왔다. 文貴 將軍은 신라에서 돌아갔다. 夏 4월에 物部連이 帶沙江에 6일간 머물렀는데, 伴跛가 군대를 일으켜 가서 정벌했다. 들이 닥쳐서 옷을 벗기고, 가진 물건을 강제로 빼앗고, 帷幕을 모두 불질렀다. 物部連 등은 두려워하며 달아났다. 겨우 목숨만 보존하여 汶慕羅[문모라는 섬 이름이다]에 배를 대었다(계체 9년 조).

　위의 기사에 따르면 반파가 백제 영역인 기문己汶의 땅을 탈취했다고 한다. 이는 기문을 포함한 섬진강유역이 당초 백제 영역이었음을 알려준다. 그럼에도 반파가 섬진강유역으로 용약勇躍 진출進出했음을 뜻한다. 그런데 기문의 땅을 놓고 백제와 반파가 대립하는 영유권 분쟁에 개입한 왜倭는 백제편을 들어주었다. 계체 7년 11월 조가 그것을 말한다. 백제와 반파 간 분쟁의 복판에 자리잡은 욕나谷那 제철製鐵은 왜倭로도 수출되었을 가능성이 높았다. 백제 사신이 왜왕에게 "이 山鐵에서 채취하여 영원히 聖朝에 바치겠습니다"[101]라고 한 문구의 수식修飾을 제외하면, 곧 욕나谷那 제철製鐵이 왜로도 수출되었음을 반증한다. 그랬기에 6세기대의 왜는 기존의 철鐵 공급체계供給體系를 인정

---

101 『日本書紀』권9, 神功 52년 9월조.

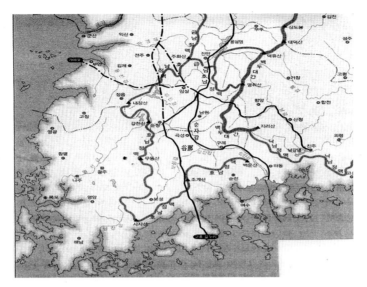

**그림 2-16** 섬진강유역 지도(郭長根, 앞의 책, 217쪽에 수록된 지도를 축소하였고, 또 '순자강'과 '谷那'를 새로 삽입하였다).

하는 게 유리하다고 판단하여 백제편을 들어준 것으로 보인다. 물론 이때 백제와 반파가 대립한 요인은 다른 측면에서도 찾을 수 있을 것이다. 그러나 욕나철산에 대한 장악과 그 운송로인 섬진강 수계水系의 확보라는 민감한 문제로 인해 양국이 격돌했다. 그리고 이해 당사자인 왜까지 개입한 것으로 본다면 정황상 무리는 없을 것 같다.[102]

---

102  倭가 谷那鐵山과 연관 있음을 암시하는 물증은 곡성군 방송리에서 출토된 왜계 자라병[扁瓶]을 꼽을 수 있다.

# VI. 맺음말

서울 석촌동 제4호분 근처와 익산 입점리 제1호분 및 곡성 석곡리와 방송리에서 각각 출토된 4개의 금제金製 이식耳飾은 모두 한성 도읍기 제작이었다. 이는 길쭉한 금사슬을 만들고 그 맨 밑에는 조그마한 심엽형판心葉形板을 매단 양식에 속한다. 문제는 이처럼 동일한 양식에 비슷한 무렵에 사용한 금제 이식이 서울과 익산, 그리고 곡성 지역에서 각각 출토되었다. 백제의 국도國都였던 서울을 축軸으로 할 때 익산은 그렇다손치더라도 곡성은 산간 지대인 동시에 교통로交通路의 부담이 큰 원거리遠距離였다. 그런 관계로 곡성 출토 이식의 편년을 백제 중심축이 남하한 웅진성 도읍기로 상정하기도 했다. 그러나 이 문제는 『일본서기日本書紀』 신공神功 49년 조에 대한 이해가 전제될 때 풀리게 된다. 신공 49년인 369년에 백제군은 낙동강유역에서 우회迂廻한 후 고해진인 강진康津에서 집결하여 침미다례忱彌多禮를 도륙屠戮하였다. 여기서 중요한 사실은 백제가 요항要港인 강진을 장악했고, 침미다례인 해남을 철저하게 제압했다는 것이다. 백제는 이때 중국 신新의 화폐인 화천貨泉이 출토될 정도로 교역의 거점이기도 했던 군곡리 패총을 끼고 있는 해남을 장악했다. 그 후에 백제 아화왕의 무례를 빌미로 왜倭가 빼앗아갔다는 동한지지東韓之地와 더불어 침미다례 및 욕나谷那가 보인다. 이로 미루어 볼 때 욕나 역시 침미다례와 더불어 369년 무렵에 백제에 장악되었던 것 같다. 동시에 고흥반도의 안동 길두리 고분의 피장자가 백제 중앙과 긴밀한 관계를 맺었음이 드러 났었다. 그렇다고 할 때 한성 도읍기의 백제는 지금의 전라남도 해안인 강진과 해남 및 고흥반도 일원을 장악했음을 알 수 있다. 요컨대 4세기 후반 이후 백제는 전라남도 해안을 장악했던 것이다.

이 무렵 백제 근초고왕은 왜倭에 사신使臣을 파견하여 욕나철산谷那鐵山의 우수함을 선전하였다. 백제왕이 왜왕에게 하사한 칠지도七支刀는 욕나철산의 산철山鐵로 제작한 것이었다. 그러한 욕나철산의 위치에 대해서는 황해도 곡산谷山을 비롯하여 그 인근으로 비정하는 견해가 많았다. 백제가 이 무렵 고구려에 대한 군사적 우세를 취하는 상황에서 새롭게 점령한 광산鑛山으로 간주하였다. 그러나 이러한 비정은 전혀 타당성 없는 것으로 밝혀졌다. 반면 욕나谷那는 전라남도 곡성谷城으로 구명究明되었다. 동시에 이 곳은 백제가 서남해안 일대를 장악하는 상황에서 개척한 철광鐵鑛으로 밝혔다. 곡성에서는 철광의 존재를 암시하는 정황 증거들이 많았다.

양질良質의 철광인 욕나철산의 개발과 관련해 운송로의 용이한 개척이 선결되어야만 했다. 곡성의 욕나철산은 보성강과 섬진강을 매개로 한 후 남해안과 서해안을 거슬러 올라가 백제 중앙으로 공급하는게 가능하다. 반면 백제는 369년에 확보한 노령산맥을 넘어 임실→남원→곡성을 지나 섬진강 하구까지 진출할 수 있었다. 370년 다사성多

沙城과 노역路驛의 개척이 그것을 가리킨다. 이때 욕나 제철製鐵은 왜倭
로도 수출되었을 것으로 보인다. 요컨대 백제의 섬진강유역 진출과
장악은 4세기 후반까지로 소급될 수 있었다. 그런데 무녕왕대의 백제
는 섬진강유역의 지배권을 둘러싸고 서진西進을 거듭한 대가야와 대
립하였다. 결국 왜까지도 이 문제에 개입하게 되었다. 이는 욕나철산
의 제철製鐵 운송로와 대왜對倭 교섭창구交涉窓口의 항구적인 확보라는
양보讓步할 수 없는 긴요한 이해관계가 삼국간에 맺혀 있었기 때문이
었다.

# Yokna(谷那) Iron-mountain and Baekje

Lee, Do Hack

It is thought that the 4 pieces of gold earring each excavated nearby the 4th Grave located in Seokchon-dong, Seoul, around the 1st Grave located in Ipjeom-ri, Iksan, in Seokgong-ri, Gokseong(谷城) and in Bangsong-ri, Gokseong were all used during the Hanseong Capital era (B.C.18~A.D.745). They are formed of long gold chains to which small heat looking plates are attached at their bottoms. It is the issue that the gold earrings with same form and used in same era have been found in Seoul, Iksan and Gokseong areas respectively. Considering that the current Seoul was the capital of Baekje, such earrings could be found in Iksan in terms of distance from Seoul. However, Gokseong is a mountain region, which is too far to go to from Seoul. That is why some suppose that such earrings excavated in Gokseong were used during the Ungjin Capital era (475~538). This issue, however, can be solved according to the recording shown in the section about the 49th year of Jin Gou, Nihon Shoki. In 369, the 49th year of Jin

Gou, the forces of Baekje bypassed Nakdong River region and gathered in Gangjin that was a harbor called Gohaejin to destroy Chimmidarye. Here, the key point is that Baekje seized Gangjin, one of the important harbors then, and completely overpowered Haenam of Chimmidarye. At that time, that is, Baekje took control of Haenam, which had Gungok-ri shell heap that played the hub of trading so vividly that Hwacheon(貨泉), money of Chinese Shin (新)dynasty, was excavated. The recording shows also Yokna as well as Chimmidarye of Donghan(東韓). It says that Yokna was taken by Japanese Yamato (倭)dynasty later to punish the rudeness of King Ahwa(阿花王) of Baekje. From this point of historical fact, it is thought that Yokna was also seized by Baekje around 369 together with Chimmidarye. In addition, it was revealed that the person buried in an old grave in Goheung peninsular had close relationship with the central government of Baekje. This fact indicates that Baekje took control of Gangjin, Haenam and Goheung peninsular located around the coastal area of current Jeonranam-do during its Hanseong Capital era. That is, Baekje had dominated Jeonranam-do coastal area since late 4th century.

The King Geunchogo of Baekje dispatched his envoy to Japanese Oi to announce the superiority of Yokna Iron-mountain.

Chiljido that the king of Baekje presented down to the king of Oi was made of the mountain iron mined from Yokna Iron-mountain. There have been, however, many views that supposed the location of such Iron-mountain was Goksan, Hwanghae-do and its surrounding areas. They thought that Goksan was the mine that Baekje newly took control of with their bigger military power than that of Goguryeo then. I, however, revealed that such views were not acceptable at all and that Yokna was Gokseong of Jeonranam-do, which was the Iron-mountain that Baekje pioneered while taking control of the south coastal area. There are many circumstantial proofs that infer the existence of iron mine in Gokseong.

Development of Yokna Iron-mountain for good quality iron must have been after pioneering of transportation path good enough to transport iron. Yokna Iron-mountain of Gokseong made it possible to provide iron to the capital of Baekje using the path made through Boseong River, Seomjin River, south coast and west coast. The history that Baekje went down to Seomjin River area to seize could be dated back to late 4th century. The opposition between Baekje and Tae-Gaya for domination of Seomjin River area in the era of King Munyeong was caused by collision of desperate interests for permanent seizure of the transportation path of the resources mined from Yokna Iron-mountain and securing of communication area that could never be conceded to the other.

Keywords: gold earring, Baekje, the hub of trading, Japanese Yamato, Gokseong, Seomjin River area

# 참고문헌

## 사료

『三國史記』, 『高麗史』, 『大東地志』, 『晋書』, 『日本書紀』, 『續日本紀』

## 저서

국립광주박물관, 『羅州潘南古墳群 綜合調査報告書』, 1988.

국립공주박물관, 『百濟와 冠』, 통천문화사, 2011.

국립나주문화재연구소, 『영산강유역의 고분 1 甕棺』, 2010.

국립부여박물관, 『백제의 숨결 금빛 예술혼 금속공예』, 2008.

국립부여박물관 · 국립가야문화재연구소, 『나무 속 암호 목간』, 2009.

권경안, 『한국 곡성』, 향지사, 1998.

金鉉球, 『任那日本府硏究』, 일조각, 1993.

鈴木勉 · 河內國平, 『復元七支刀』, 雄山閣,, 2006.

노중국, 『백제정치사연구』, 일조각, 1988.

東京國立博物館, 『江田船山古墳出土 國寶銀象嵌銘大刀』, 吉川弘文館, 1993.

리태영, 『조선 광업사』, 평양종합인쇄공장, 1991.

末松保和, 『任那興亡史』, 吉川弘文館, 1971.

文暻鉉, 『新羅史硏究』, 慶北大學校出版部, 1983.

民衆書林 編輯局 編, 『韓漢大字典』, 民衆書林, 2002.

백제학회, 『백제와 섬진강』, 전북문화재연구원, 2008.

山本西郎·上田正昭·井上滿郎,『解明 新日本史』, 文英堂, 1983.

三品彰英,『日本書紀朝鮮關係記事考證(上)』, 吉川弘文館, 1962.

上田正昭,『歸化人』, 中央公論社, 1965.

서울大學校博物館,『발굴유물도록』, 1997.

서울대학교 奎章閣,『全羅道邑誌 二』, 2003.

朝鮮總督府 殖産局 鑛政課,『朝鮮鑛口一覽』, 1942.

李道學,『백제 고대국가연구』, 일지사, 1995.

李道學,『백제 한성·웅진성시대 연구』, 일지사, 2010.

李道學,『백제 사비성시대 연구』, 일지사, 2010.

李丙燾,『韓國古代史研究』, 博英社, 1976.

이용현,『가야제국과 동아시아』, 통천문화사, 2007.

李漢祥,『장신구 사여체제로 본 백제의 지방 지배』, 서경문화사, 2009.

李漢祥,『삼국시대 장식대도 문화연구』, 서경문화사, 2016.

이현구 外,『한국의 광상』, 아카넷, 2007.

조영제,『옥전 고분군과 다라국』, 혜안, 2007.

田溶新 譯,『完譯 日本書紀』, 일지사, 1989.

全榮來,『周留城·白江位置比定에 관한 新研究』, 扶安郡, 1976.

鮎貝房之進,『雜考』第7輯 上卷, 朝鮮印刷株式會社, 1937.

池內宏,『日本上代史の一研究』, 中央公論美術出版, 1970.

千寬宇,『加耶史研究』, 일조각, 1991.

최성락·고룡규·김영필,『谷城 堂洞里山城』, 전남문화재연구원, 2006.

坂本太郎,『日本書紀(二)』, 岩波書店, 1994.

## 논문

金元龍,「加平 馬場里 冶鐵住居址」,『歷史學報』50·51合集, 1971.

노중국,「백제의 영토 확장에 대한 몇 가지 검토」,『근초고왕 때 백제 영토는 어디까지였나』, 한성백제박물관. 2013.

문동석,「4世紀 百濟의 加耶 원정에 대하여」,『국사관논총』74, 1997.

서보경,「鐵製品을 매개로 한 百濟와 倭의 交涉」,『史叢』52, 2000.

성정용,「大伽倻와 百濟」,『大加耶와 周邊諸國』, 학술문화사, 2002.

李道學,「百濟 集權國家形成過程硏究」, 한양대학교 사학과 박사학위논문, 1991.

李道學,「百濟 初期史에 관한 文獻資料의 檢討」,『韓國學論集』23, 1993.

李道學,「廣開土王碑文에 보이는 地名 比定의 再檢討」,『광개토왕비문의 신연구』, 서라벌군사연구소, 1999;『고구려 광개토왕릉비문 연구』, 서경문화사, 2006.

李道學,「금동관이 출토된 고흥 안동 고분의 피장자는 누구인가?」,『한국전통문화학보』37, 2006.4.2;『역사가 기억해 주는 이름』, 서경문화사, 2007.

李道學,「谷那鐵山과 百濟」,『東아시아古代學』25, 2011.

李道學,「馬韓 殘餘故地 前方後圓墳의 造成 背景」,『東아시아古代學』, 28, 2012.

李道學, 「廣開土王代 南方 政策과 韓半島 諸國 및 倭의 動向」, 『한국고대사연구』 67, 2012.

李道學, 「「廣開土王陵碑文」에 보이는 '南方'」, 『영남학』 24, 2013.

李道學, 「榮山江流域 馬韓諸國의 推移와 百濟」, 『百濟文化』 49, 2013.

이동희, 「섬진강유역의 고분」, 『백제와 섬진강』, 전북문화재연구원, 2008.

李漢祥, 「百濟 耳飾에 대한 基礎的 研究」, 『湖西史學』 3, 2000.

이혜영, 「백제 이식의 조형성 연구-삼국시대 이식의 조형 특성 비교를 통하여-」, 『한국 디자인 포 럼』, 한국디자인트랜드학회, 2008.

朱甫暾, 「百濟 七支刀의 의미」, 『韓國古代史研究』 62, 2011.

# 찾아보기

본서는 다음 논문을 보완하였음을 밝혀둔다.

* 「弁韓 '國出鐵' 論의 檢證」, 『단군학연구』 39, 단군학회, 2018.
* 「谷那鐵山과 百濟」, 『東아시아 古代學』 25, 동아시아고대학회, 2011.